Albert Hofmann

LA HISTORIA DEL LSD

Cómo descubrí el ácido
y qué pasó después en el mundo

TESTIMONIOS

TESTIMONIOS

Margaret Mead y Gregory Bateson
Como yo los veía
Margaret Mead y Gregory Bateson recordados por su hija

Yehudi Menuhin
Lecciones de vida

Marc Augé
Diario de guerra
El mundo después del 11 de septiembre

Heidemarie Schwermer
Mi vida sin dinero
Una experiencia basada en el trueque

Françoise Giroud
No se puede ser feliz siempre

Regina Zappa
Chico Buarque

John Forrester
Sigmund Freud. Partes de guerra
El psicoanálisis y sus pasiones

Michael Peppiatt
Francis Bacon
Anatomía de un enigma

Lesley Chamberlain
Nietzsche en Turín
Los últimos días de lucidez de una mente privilegiada

James Woodall
La vida de Jorge Luis Borges
El hombre en el espejo del libro

LA HISTORIA DEL LSD

Cómo descubrí el ácido
y qué pasó después en el mundo

Albert Hofmann

gedisa
editorial

Título del original en alemán:
LSD – Mein Sorgenkind
È by Ernst Klett, 1979

Traducción: Roberto Bein

Sexta reedición: abril 2013, Barcelona

© Editorial Gedisa, S.A.
Avenida del Tibidabo, 12 (3º)
08022 Barcelona, España
Tel. (+34) 93 253 09 04
Fax (+34) 93 253 09 05
Correo electrónico: gedisa@gedisa.com
http://www.gedisa.com

IBIC: BGTA
ISBN: 978-84-9784-172-6
Depósito legal: B. 7427-2013

Impreso por Master Copy, S.A. de C.V.

Impreso en México
Printed in Mexico

Índice

Prólogo.   9

1. Cómo nació el LSD   15
2. El LSD en la experimentación con animales
   y en la investigación biológica   37
3. Derivados químicos del LSD   45
4. La aplicación del LSD en psiquiatría.   49
5. De medicamento a droga narcótica.   65
6. Peligros de los ensayos no médicos con LSD   77
7. El caso del Dr. Leary   85
8. Viajes al cosmos del alma   93
9. Los parientes mexicanos del LSD.   115
10. La búsqueda de la planta mágica Ska María Pastora   141
11. La irradiación de Ernst Jünger   159
12. Encuentro con Aldous Huxley.   183
13. Correspondencia con el médico-poeta Walter Vogt   189
14. Visitas de todo el mundo   199
15. LSD: vivencias y realidad   207

ANEXO. Esquema de las fórmulas   221

Prólogo

Hay experiencias sobre las que la mayoría de las personas no se atreven a hablar porque no caben en la realidad cotidiana y se sustraen a una explicación racional. No nos estamos refiriendo a acontecimientos especiales del mundo exterior, sino a procesos de nuestro interior que, en general, se menosprecian como meras ilusiones y se desplazan al desván de la memoria. La imagen familiar del entorno sufre una súbita transformación extraña, feliz o aterradora, aparece bajo una luz diferente, adquiere un significado especial. Una experiencia de esa índole puede rozarnos apenas, como una brisa, o grabársenos profundamente.

De mi niñez conservo en la memoria con especial vivacidad uno de estos encantamientos. Era una mañana de mayo. Ya no recuerdo el año, pero aún puedo indicar exactamente en qué sitio del camino del bosque del monte Martin al norte de Baden (Suiza) se produjo. Paseaba yo por el bosque reverdecido, y el sol de la mañana se filtraba por entre las copas de los árboles. Los pájaros llenaban el aire con sus cantos. De pronto, todo se apareció en una luz desacostumbradamente clara. ¿Era que jamás había mirado bien, y estaba viendo sólo ahora el bosque primaveral tal como era en realidad? El paisaje resplandecía con una belleza que llegaba al alma de un modo muy particular, elocuente, como si quisiera incluirme en su hermosura. Atravesóme una indescriptible sensación de felicidad, pertenencia y seguridad dichosa.

No sé cuánto tiempo duró el hechizo, pero recuerdo los pensamientos que me ocuparon cuando el estado de transfiguración fue cediendo lentamente y continué caminando. ¿Por qué no se prolongaba el instante de dicha si éste había revelado una realidad convincente a través de una experiencia inmediata y profunda? Mi alegría desbordante me impulsaba a comunicarle a alguien mi experiencia, pero ¿cómo podía hacerlo si de inmediato sentí que no hallaba palabras para lo que había observado? Me parecía raro que, siendo un niño, hubiera visto algo tan maravilloso que los mayores evidentemente no percibían, pues jamás se lo había oído mencionar.

En mi niñez tuve posteriormente algunas más de tales experiencias felices durante mis caminatas por bosques y praderas. Ellas fueron las que determinaron mi concepto del mundo en sus rasgos fundamentales, al darme la certeza de que existe una realidad oculta a la mirada cotidiana, insondable y llena de vida. En aquel tiempo me preguntaba a menudo si tal vez más adelante, cuando fuera un adulto, sería capaz de transmitirles estas experiencias a otras personas, y si podría representar lo observado como poeta o como pintor. Pero no sentía vocación por la poesía o la pintura, y por tanto me parecía que acabaría guardando aquellas experiencias que tanto habían significado para mí.

De modo inesperado, pero seguramente no casual, sólo en la mitad de mi vida se dio una conexión entre mi actividad profesional y la observación visionaria de mi niñez.

Quería obtener una comprensión de la estructura y la naturaleza de la materia; por eso estudié química. Dado que ya desde mi niñez me había sentido estrechamente vinculado al mundo de las plantas, elegí como campo de actividad la investigación de las sustancias contenidas en las plantas medicinales. Allí me encontré con sustancias psicoactivas, generadoras de alucinaciones, y que en determinadas condiciones pueden provocar estados visionarios parecidos a las experiencias espontáneas antes descritas. La más importante de estas sustancias alucinógenas se ha hecho famosa con el nombre de LSD. Algunos alucinógenos ingresaron, como sustancias activas de interés científico, en la investigación médica, la biología y la psiquiatría, y alcanzaron también una amplia difusión en la escena de las drogas, sobre todo el LSD.

Al estudiar la bibliografía relacionada con estos trabajos, llegué a conocer la gran importancia general de la contemplación visionaria. Ocupa un lugar importante no sólo en la historia de las religiones y en la mística, sino también en el proceso creador del arte, la literatura y la ciencia. Investigaciones recientes han demostrado que muchas personas suelen tener experiencias visionarias en la vida cotidiana, pero que generalmente no reconocen su sentido ni su valor. Experiencias místicas como las que tuve en mi infancia no parecen ser nada extrañas.

El conocimiento visionario de una realidad más profunda y abarcadora que la que corresponde a nuestra conciencia racional cotidiana hoy día se persigue por diversas vías, y no sólo por parte de seguidores de corrientes religiosas orientales, sino también por representantes de la psiquiatría tradicional, que incluyen este tipo de experiencia totalizadora como un elemento curativo fundamental en su terapia.

Comparto la opinión de muchos contemporáneos de que la crisis espiritual en todos los ámbitos de vida de nuestro mundo industrial occidental sólo podrá superarse si sustituimos el concepto materialista en el que están divorciados el hombre y su medio, por la conciencia de una realidad totalizadora que incluya también el yo que la percibe, y en la que el hombre reconozca que él, la naturaleza viva y toda la creación forman una unidad.

Por consiguiente, todos los medios y vías que puedan contribuir a una modificación tan fundamental de la experiencia de la realidad merecen una consideración seria. A estas vías pertenecen, en primer lugar, los diversos métodos de la meditación en el marco religioso o secular cuyo objetivo sea inducir una experiencia mística totalizadora y generar así una conciencia profunda de la realidad. Otro camino importante, aunque todavía discutido, es la utilización de los psicofármacos alucinógenos que modifican la conciencia. El LSD, por ejemplo, puede servir de recurso psicoanalítico y psicoterapéutico para que el paciente adquiera conciencia de sus problemas en su verdadera significación.

A diferencia de las experiencias visionarias espontáneas, provocar planificadamente experiencias místicas totalizadoras, sobre todo mediante LSD y otros alucinógenos derivados, conlleva peligros que no debemos subestimar, unos riesgos derivados particularmente del hecho de no tener en cuenta el efecto específico que producen unas sustancias que pueden influir en la esencia más íntima del ser humano. La historia del LSD hasta nuestros días muestra de sobra qué consecuencias catastróficas puede tener su uso cuando se menosprecian sus efectos profundos y se confunde esta sustancia activa con un estimulante. Es necesaria una preparación especial, interior y exterior, para que un ensayo con LSD se convierta en una experiencia satisfactoria. La aplicación equivocada y abusiva ha convertido para mí el LSD en el hijo de mis desvelos.

En este libro quiero ofrecer un cuadro detallado del LSD, de su origen, sus efectos y posibilidades de aplicación, y alertar sobre los peligros que entraña un empleo que no tome en cuenta los efectos tan singulares de esta sustancia. Creo que si se lograra aprovechar mejor, en la práctica médica y en conexión con la meditación, la capacidad del LSD para provocar, en condiciones adecuadas, experiencias visionarias, el ácido podría dejar de ser un niño terrible para transformarse en un niño prodigio.

1

Cómo nació el LSD

En los campos de la observación el azar no
favorece más que a las mentes preparadas.
LOUIS PASTEUR

Una y otra vez se dice y escribe que el descubrimiento
del LSD fue casual. Ello es cierto sólo en parte, pues fue elaborado en el marco de una investigación planificada, y tan
sólo más tarde intervino el azar: cuando el LSD ya tenía cinco años experimenté sus efectos en carne propia... mejor dicho, en espíritu propio.

Si recorro con el pensamiento mi trayectoria profesional
para averiguar todas las decisiones y todos los acontecimientos que dirigieron finalmente mi actividad a ese terreno de
investigación en el que sinteticé el LSD, ello me lleva hasta la
elección del lugar de trabajo al concluir mis estudios de química: si en algún momento hubiera tomado otra decisión,
muy probablemente jamás se habría creado esa sustancia activa que con el nombre de LSD adquirió fama universal. Al
narrar la historia del nacimiento del LSD, debo hacer, por tanto, una breve referencia a mi carrera de químico, a la que se
halla indisolublemente ligada.

Tras la conclusión de mis estudios de química en la Universidad de Zúrich, ingresé en la primavera de 1929 en el laboratorio de investigación químico-farmacéutica de la empresa Sandoz de Basilea, como colaborador del profesor Dr. Arthur Stoll, fundador y director de la sección farmacéutica. Elegí este puesto de trabajo porque aquí se me ofrecía la oportunidad de ocuparme en sustancias naturales. Por eso también deseché las ofertas de otras dos empresas de la industria química de Basilea que se dedicaban a la síntesis química.

Primeros trabajos químicos

Mi preferencia por la química de los reinos animal y vegetal había ya determinado el tema de mi tesis doctoral, dirigida por el profesor Paul Karrer. Mediante el jugo gástrico del caracol común había logrado por vez primera la descomposición enzimática de la quitina, la materia esquelética que forma el caparazón, las alas y pinzas de los insectos, los cangrejos y otros animales inferiores. A partir del producto de escisión obtenido en la desintegración, un azúcar nitrogenado, podía deducirse la estructura química de la quitina, que es análoga a la de la celulosa, la materia esquelética vegetal. Este importante resultado de la investigación, que duró sólo tres meses, condujo a una tesis doctoral calificada con «sobresaliente».

Cuando ingresé en la empresa Sandoz, la plantilla de la sección químico-farmacéutica era aún muy modesta. Había cuatro licenciados en química en la sección de investigación y tres en la de producción.

En el laboratorio de Stoll encontré una actividad que, como químico investigador, me satisfacía mucho. El profe-

sor Stoll se había planteado el objetivo de aislar, con métodos cuidadosos, los principios activos indemnes de plantas
medicinales probadas, y de presentarlos en forma pura. Ello
es especialmente conveniente en el caso de plantas medicinales cuyas sustancias activas se descomponen fácilmente y
cuyo contenido de sustancias activas está sometido a grandes fluctuaciones, lo cual se contradice con una dosificación
exacta. Si en cambio se tiene la sustancia activa en forma
pura, está dada la condición para la producción de un preparado farmacéutico estable y exactamente dosificable con
la balanza. A partir de tales consideraciones, Stoll había iniciado el análisis de drogas vegetales bien conocidas y valiosas como el digital (*Digitalis*), la escila (*Scilla maritima*) y el
cornezuelo de centeno (*Secale cornutum*), pero hasta entonces sólo habían encontrado una aplicación restringida en la
medicina, debido a su fácil descomposición y a su dosificación insegura.

Los primeros años de mi actividad en el laboratorio Sandoz estuvieron dedicados casi exclusivamente a la investigación de las sustancias activas de la escila. Quien me introdu-
jo en este campo fue el Dr. Walter Kreis, uno de los primeros
colaboradores del profesor Stoll. Existían ya en forma pura
los componentes activos más importantes de la escila. El Dr.
Kreis, con una extraordinaria pericia experimental, había llevado a cabo el aislamiento, así como la representación pura,
de las sustancias contenidas en la *digitalis lanata*.

Las sustancias activas de la escila pertenecen al grupo de
los glicósidos (sustancias sacaríferas) cardioactivas, y sirven,
igual que las del digital, para el tratamiento del debilitamien-
to del miocardio. Los glicósidos cardíacos son sustancias altamente activas. Sus dosis terapéutica (curativa) y tóxica (venenosa) están tan próximas que es muy importante una
dosificación exacta con la ayuda de las sustancias puras.

Al comienzo de mis investigaciones, Sandoz había introducido en la terapia un preparado farmacéutico que contenía glicósidos de la escila, pero la estructura química de estas sustancias activas era aún totalmente desconocida a excepción de la parte del azúcar.

Mi principal contribución en la investigación de la escila, en la que participé con gran entusiasmo, consistía en el esclarecimiento de la estructura química de la sustancia fundamental de los glicósidos de la escila, de lo cual surgió, por una parte, la diferencia respecto de los glicósidos del digital, y, por otra, el parentesco estructural estrecho con las sustancias tóxicas de las glándulas cutáneas de los sapos. Estos trabajos concluyeron, momentáneamente, en 1935.

A la búsqueda de un nuevo campo de actividades pedí al Dr. Stoll autorización para retomar las investigaciones sobre los alcaloides del cornezuelo de centeno, que él había iniciado en 1917 y que ya en 1918 habían llevado a aislar la ergotamina. La ergotamina, descubierta por Stoll, fue el primer alcaloide obtenido en forma químicamente pura a partir del cornezuelo de centeno. Pese a que la ergotamina ocupó muy pronto un sitio destacado entre los medicamentos, con su aplicación hemostática en los partos y como medicamento contra la migraña, la investigación química del cornezuelo de centeno se había detenido, en los laboratorios Sandoz, después de la obtención de la ergotamina pura y de su fórmula química aditiva. Mientras tanto, durante la década de 1930, unos laboratorios ingleses y norteamericanos habían comenzado a determinar la estructura química de alcaloides del cornezuelo de centeno. Se había descubierto allí, además, un nuevo alcaloide soluble en agua que podía aislarse también de la lejía madre de la fabricación de ergotamina. Por eso juzgué que había llegado el momento de retomar el procesamiento químico de los alcaloides del cornezuelo de centeno, si Sandoz no quería correr el peligro de perder su puesto destacado en el sector de los medicamentos, que ya entonces era muy importante.

El profesor Stoll estuvo de acuerdo con mi propuesta, pero observó: «Le prevengo contra las dificultades con que se encontrará al trabajar con alcaloides del cornezuelo de centeno. Se trata de sustancias sumamente delicadas, de fácil descomposición, y, en cuanto a estabilidad se refiere, muy distintas de las que usted ha trabajado en el terreno del glicósido cardíaco. Pero si así lo desea, inténtelo».

Así quedó sellado el sino y tema principal de toda mi carrera profesional. Aún hoy recuerdo exactamente la sensación que me invadió, una sensación de esperanza y confianza con respecto a mis planeadas investigaciones de los alcaloides del cornezuelo de centeno, hasta entonces poco explorados.

El cornezuelo de centeno

Aquí vienen a cuento unos datos retrospectivos sobre esta seta.[1] El cornezuelo es producido por una seta inferior (*Claviceps purpurea*), que prolifera sobre todo en el centeno, pero también en otros cereales y en gramíneas silvestres. Los granos atacados por esta seta evolucionan transformándose en conos entre marrón claro y marrón-violeta, combados (esclerótidos), que se abren paso en las espeltas en vez de un grano normal. Desde el punto de vista botánico, el cornezuelo de centeno es un micelio duradero, la forma de inver-

---

1. Quien esté interesado en el cornezuelo de centeno puede consultar la monografía de G. Barger, *Ergot and Ergotism* (Gurney & Jackson, Londres, 1931), y la de A. Hofmann, *Los alcaloides del cornezuelo de centeno* (F. Enke, Stuttgart, 1964). En el primero de estos libros la historia de esta droga halla su descripción clásica; en el segundo, el aspecto químico ocupa el primer plano.

nada de la seta. Oficialmente, es decir, para fines curativos, se emplea el citado cornezuelo del centeno (*Secale cornutum*).

Su historia es una de las más fascinantes del mundo de las drogas. En el transcurso del tiempo, su papel e importancia han ido invirtiéndose: temido al comienzo como portador de veneno, se transformó, con el correr del tiempo, en un rico filón de valiosos medicamentos.

El cornezuelo ingresa en la historia en la Alta Edad Media, como causa de envenenamientos masivos que se presentan a modo de epidemia y durante los cuales mueren cada vez miles de personas. El mal, cuya conexión con el cornezuelo no se descubrió hasta mucho tiempo después, aparecía bajo dos formas características: como peste gangrenosa (*ergotismus gangraenosus*) y como peste convulsiva (*ergotismus convulsivus*). A la forma gangrenosa del ergotismo se referían denominaciones de la enfermedad del tipo de *mal des ardents*, *ignis sacer* o *fuego sacro*. El santo patrono de los enfermos de estos males era San Antonio, y fue la orden de los antonianos, sobre todo, la que se ocupó de cuidarlos. En la mayoría de los países europeos y también en determinadas zonas de Rusia se consigna la aparición epidémica de envenenamientos por el cornezuelo hasta nuestra época. Con el mejoramiento de la agricultura, y después de haberse comprobado en el siglo XVII que la causa del ergotismo era el pan que contenía cornezuelo, fueron disminuyendo cada vez más la frecuencia y el alcance de las epidemias. La última de ellas afectó en los años 1926-1927 a determinadas regiones del sur de Rusia.[2]

2. La intoxicación masiva en la ciudad francesa meridional de Pont-St. Esprit en el año 1961, que en muchas publicaciones se atribuyó a pan que contenía cornezuelo de centeno, no tenía, sin embargo, nada que ver con el ergotismo. Se trataba más bien de una intoxicación provocada por un compuesto orgánico de mercurio, empleado para la desinfección de cereales de simiente.

La primera mención de una aplicación medicinal del cornezuelo –como ocitócico– se encuentra en el herbario del médico municipal de Fráncfort Adam Lonitzer (Lonicerus) del año 1582. Pese a que las comadronas, según se desprende del herbario, habían usado desde siempre el cornezuelo como ocitócico, esta droga sólo ingresó en la medicina oficial en 1908, merced a un trabajo de John Stearns, un médico norteamericano, llamado «Account of the *pulvis parturiens,* a Remedy for Quickenning Child-birth» [Informe sobre la vulva de las parturientas, un remedio para acelerar los nacimientos]. Sin embargo, la aplicación del cornezuelo como ocitócico no satisfizo las expectativas. Ya muy temprano se reconoció el gran peligro para el niño, debido sobre todo a la dosificación poco segura y demasiado alta, lo cual llevaba a espasmos del útero. Desde entonces, la aplicación del cornezuelo en obstetricia se limitó a la cohibición de las hemorragias posteriores al parto.

Después de la inclusión del cornezuelo en diversos libros de medicamentos en la primera mitad del siglo XIX, comenzaron también los primeros trabajos químicos para aislar las sustancias activas de esta droga. Los numerosos científicos que se ocuparon de este problema durante los primeros cien años de su investigación no lograron identificar los verdaderos vehículos de la acción terapéutica. Sólo los ingleses G. Barger y F. H. Carr aislaron en 1907 un preparado de alcaloides eficaz pero no uniforme, según pude demostrar 35 años después. Lo llamaron ergotoxina, porque presentaba más los efectos tóxicos que los terapéuticos del cornezuelo. De todos modos, el farmacólogo H. H. Dale descubrió ya en la ergotoxina que, al lado del efecto contractor del útero, ejercía una acción importante para la aplicación terapéutica de ciertos alcaloides del cornezuelo, antagónica a la adrenalina, sobre el sistema neurovegetativo. Sólo con el ya citado aislamiento de la ergotamina por A. Stoll, un alcaloide del cornezuelo ingresó en la medicina y halló amplia aplicación.

A comienzos de la década de 1930 se inició una nueva fase en la investigación del cornezuelo, cuando, según lo mencionado, laboratorios ingleses y norteamericanos empezaron a averiguar la estructura química de alcaloides del cornezuelo. A través de la disociación química, W. A. Jacobs y L. C. Craig, del Rockefeller Institute de Nueva York, lograron aislar y caracterizar el componente fundamental común a todos los alcaloides del cornezuelo. Lo llamaron *ácido lisérgico*. Más tarde marcó un progreso importante, tanto en un sentido químico como médico, el aislamiento del principio hemostático del cornezuelo que actúa específicamente sobre el útero. Estos resultados fueron publicados simultáneamente por cuatro institutos independientes entre sí, entre ellos el Laboratorio Sandoz. Se trataba de un alcaloide con una estructura relativamente simple, al que A. Stoll y E. Burckhardt denominaron ergobasina (sinónimos: ergometrina, ergonovina). En la desintegración química de la ergobasina, W. A. Jacobs y L. C. Craig obtuvieron como productos de desdoblamiento el ácido lisérgico y el aminoalcohol propanolamina.

La primera tarea que me planteé en mi nuevo campo de actividades fue ligar químicamente los dos componentes de la ergobasina, es decir, el ácido lisérgico y la propanolamina, para obtener el alcaloide por vía sintética (véase el esquema de la última página).

El ácido lisérgico necesario para estos ensayos debía obtenerse a partir de la ecisión de algún otro alcaloide del cornezuelo. Dado que el único alcaloide puro disponible era la ergotamina, la cual era ya producida por kilogramos en la sección farmacéutica, quise emplearlo como sustancia de partida para mis ensayos. Cuando le pedí al Dr. Stoll que firmara mi pedido interno de 0,5 gramos de ergotamina de la producción de cornezuelo, se personó en el laboratorio. Muy irritado, me reprendió: «Si quiere trabajar con alcaloides del cornezuelo, tiene que familiarizarse con los métodos de la microquímica. No es posible que gaste una cantidad tan grande de mi preciosa ergotamina para sus ensayos». (Microquímica = investigación química en cantidades mínimas de sustancia.)

En la sección de producción de cornezuelo, además del cornezuelo de procedencia suiza, del que se obtenía la ergotamina, también se extraía cornezuelo portugués, del que se desprendía un preparado de alcaloide amorfo que equivalía a la ya citada ergotoxina, producida por vez primera por Barger y Carr. Este material inicial poco valioso fue el que empleé entonces para la obtención de ácido lisérgico. Por cierto, este alcaloide adquirido de la fabricación debía someterse a nuevos procesos de purificación, antes de que fuera apto para su desdoblamiento en ácido lisérgico. En estos procesos de purificación realicé algunas observaciones que insinuaban que la ergotoxina podría no ser un alcaloide uniforme, sino una mezcla de varios alcaloides. Más adelante volveré a hablar de las consecuencias trascendentales de estas observaciones.

Me parece conveniente hacer aquí unos comentarios acerca de las circunstancias y los métodos de trabajo de entonces. Tal vez sean interesantes para la actual generación de químicos investigadores en la industria, que están acostumbrados a otras condiciones.

Se era muy ahorrativo. Los laboratorios individuales se consideraban un lujo no defendible. Durante los seis primeros años de mi actividad en Sandoz compartí el laboratorio con dos colegas. Los tres académicos disponíamos de un asistente cada uno, y trabajábamos en una misma sala en tres campos diferentes: el Dr. Kreis en glicósidos cardíacos; el Dr. Wiedeman, quien había ingresado en Sandoz poco después

que yo, en la clorofila, el pigmento de las hojas, y yo, finalmente, en alcaloides del cornezuelo. El laboratorio tenía dos
«capillas» (recintos con extractores) cuya ventilación mediante llamas de gas era muy poco eficaz. Cuando manifestamos
el deseo de sustituirlas por ventiladores, el jefe lo rechazó argumentando que en el laboratorio de Willstätter ese tipo de
ventilación había sido suficiente.

En Berlín y Múnich el profesor Stoll había sido asistente
del profesor Willstätter, un químico de fama mundial galar-
donado con el Premio Nobel, durante los últimos años de la
Primera Guerra Mundial. Con él había llevado a cabo las investigaciones fundamentales sobre la clorofila y la asimilación
del ácido carbónico. Apenas había discusión científica en la
que Stoll no citara a su venerado Willstätter y su actividad en
el laboratorio de éste.

Los métodos de trabajo de los que disponían los químicos en el terreno de la química orgánica a principios de los
años treinta seguían siendo esencialmente los mismos que
había aplicado Justus von Liebig cien años antes. El progreso
más importante alcanzado desde entonces fue la introducción del microanálisis por B. Pregl, el cual permite averiguar
la composición elemental de un compuesto con sólo unos
miligramos de sustancia, mientras que antes se necesitaban
algunos decigramos. Todos los demás métodos físico-quími-
cos de los que disponen los químicos hoy en día y que han
transformado y agilizado su labor, aumentando su eficacia y
creando posibilidades totalmente nuevas, sobre todo en la di-
lucidación de estructuras, todavía no existían.

Para las investigaciones sobre los glicósidos de la escila y
los primeros trabajos en el campo del cornezuelo aún apli-
qué los viejos métodos separativos y de purificación de la
época de Liebig: extracción, precipitación y cristalización
fraccionadas, etcétera. En investigaciones posteriores me fue

de gran utilidad la introducción de la cromatografía de columna, el primer paso importante en la moderna técnica de laboratorio. Para las determinaciones estructurales, que hoy día pueden realizarse rápida y elegantemente con métodos espectroscópicos y análisis estructural con rayos X, sólo se disponía de los viejos y laboriosos métodos de la desintegración y derivación química en los primeros trabajos fundamentales sobre el cornezuelo.

El ácido lisérgico y sus compuestos

El ácido lisérgico demostró ser una sustancia de fácil descomposición, y su combinación con restos alcalinos ofrecía dificultades. Finalmente encontré en el método conocido como «síntesis de Curtius» un procedimiento que permitía combinar el ácido lisérgico con restos básicos.

Con este método produje una gran cantidad de compuestos de ácido lisérgico. Al combinar el ácido lisérgico con el aminoalcohol propanolamina surgió un compuesto idéntico a la ergobasina, el alcaloide natural del cornezuelo. Había tenido éxito, pues, la primera síntesis parcial de un alcaloide del cornezuelo (síntesis parcial es una producción artificial en la que se emplea, sin embargo, un componente natural; en este caso el ácido lisérgico). No sólo tenía un interés científico como confirmación de la estructura química de la ergobasina, sino también una importancia práctica, puesto que el factor específico contractor del útero y hemostático, la ergobasina, se encuentra en el cornezuelo sólo en cantidad muy pequeña. Con esta síntesis parcial, se posibilitó transformar los otros alcaloides, presentes en abundancia en el cornezuelo, en la ergobasina, valiosa para la obstetricia.

Después de este primer éxito en el terreno del cornezuelo, mis investigaciones continuaron en dos direcciones. Primero intenté mejorar las propiedades farmacológicas de la ergobasina modificando su parte de aminoalcohol. Junto con uno de mis colegas, el Dr. J. Peyer, desarrollamos un procedimiento para la producción racional de propanolamina y de otros aminoalcoholes. El reemplazo de la propanolamina contenida en la ergobasina por el aminoalcohol butanolamina dio efectivamente una sustancia activa que superaba al alcaloide natural en sus propiedades terapéuticas. Esta ergobasina mejorada, con el nombre de marca «Methergin», ha hallado una aplicación universal como citócico y hemostático, y es hoy día el medicamento más importante para esta indicación obstétrica.

Además introduje mi método de síntesis para producir nuevos compuestos del ácido lisérgico, en los que lo principal no era su efecto sobre el útero, pero de los que, por su estructura química, podían esperarse otras propiedades farmacológicas interesantes. La sustancia n.º 25 en la serie de estos derivados sintéticos del ácido lisérgico, la dietilamida del ácido lisérgico, que para el uso del laboratorio abrevié LSD-25, la sinteticé por primera vez en 1938. Había planificado la síntesis de este compuesto con la intención de obtener un estimulante para la circulación y la respiración (analéptico). Se podían esperar esas cualidades estimulantes de la dietilamida del ácido lisérgico porque su estructura química presentaba similitudes con la dietilamida del ácido nicotínico («coramina»), un analéptico ya conocido en aquel entonces. Al probar el LSD-25 en la sección farmacológica de Sandoz, cuyo director era el profesor Ernst Rothlin, se comprobó un fuerte efecto sobre el útero, con aproximadamente un 70% de la actividad de la ergobasina. Por lo demás se consignó en el informe que los animales de prueba se intranquilizaron con la narcosis. Pero la sustancia no despertó un interés ulterior entre nuestros farmacólogos y médicos; por eso se dejaron de lado otros ensayos.

Durante cinco años reinó el más absoluto silencio en torno al LSD-25. Mientras tanto, mis trabajos en el terreno del cornezuelo de centeno prosiguieron en otra dirección. Al purificar la ergotoxina, el material de partida para el ácido lisérgico, tuve, como ya he dicho, la impresión de que este preparado de alcaloides no podía ser uniforme, sino que tenía que ser una mezcla de diversas sustancias. Las dudas sobre la uniformidad de la ergotoxina se acentuaron cuando una hidrogenación dio dos productos claramente distintos, mientras que en las mismas condiciones el alcaloide ergotamina daba un solo producto hidrogenado. Unos prolongados ensayos sistemáticos para descomponer la sospechada mezcla de ergotoxina finalmente dieron resultado, cuando logré descomponer este preparado de alcaloides en tres componentes uniformes. Uno de los tres alcaloides químicamente uniformes resultó ser idéntico a un alcaloide aislado poco antes en la sección de producción; A. Stoll y E. Burckhardt lo habían llamado ergocristina. Los otros dos alcaloides eran nuevos. Uno de ellos lo llamé ergocornina, y al otro, que había quedado mucho tiempo en las aguamadres, lo designé ergocriptina (*Kryptos*, oculto). Más tarde se comprobó que la ergocriptina se presenta en dos isómeros estructurales, que se distinguen como alfa y beta ergocriptina.

La solución del problema de la ergotoxina no sólo tenía un interés científico, sino que también tuvo consecuencias prácticas. De allí surgió un medicamento valioso. Los tres alcaloides hidrogenados de la ergo-toxina (la dihidro-ergocristina, la dihidro-ergocriptina y la dihidro-ergocornina) que produje en el curso de esta investigación evidenciaron interesantes propiedades medicinales durante la prueba en la sección farmacológica del profesor Rothlin. Con estas tres sustancias activas se desarrolló el preparado farmacéutico «hidergina», un medicamento para fomentar la irrigación periférica y cerebral y mejorar las funciones cerebrales en la lucha contra los trastornos de la vejez. La hidergina ha respondido a las expectativas como medicamento eficaz para esta indicación geriátrica. Hoy día ocupa el primer puesto en las ventas de los productos farmacéuticos de Sandoz.

Asimismo ha ingresado en el tesoro de medicamentos la dihidro-ergotamina, que había sintetizado también en el marco de estas investigaciones. Con el nombre de marca «Dihydergot» es empleado como estabilizador de la circulación y la presión sanguínea.

Mientras que hoy en día la investigación de proyectos importantes se realiza casi exclusivamente como trabajo en grupo, *teamwork,* estas investigaciones sobre los alcaloides del cornezuelo aún las realicé yo solo. También siguieron en mis manos los pasos químicos posteriores del desarrollo hasta el preparado de venta en el mercado, es decir, la producción de cantidades mayores de sustancia para las pruebas químicas y finalmente la elaboración de los primeros procedimientos para la producción masiva de «Methergin», «Hydergin» y «Dihydergot». Ello regía también para el control analítico en el desarrollo de las primeras formas galénicas de estos tres preparados, las ampollas, las soluciones para instilar y los comprimidos. Mis colaboradores eran, en aquella época, un laborante y un ayudante de laboratorio, y luego una laborante y un técnico químico adicionales.

El descubrimiento de los efectos psíquicos del LSD

Todos los fructíferos trabajos, aquí sólo brevemente reseñados, que surgieron a partir de la solución del problema de la ergotoxina, de todos modos no me hicieron olvidar por completo la sustancia LSD-25. Un extraño presentimiento de que esta sustancia podría poseer otras cualidades que las comprobadas en la primera investigación me motivaron a volver a producir LSD-25 cinco años después de su primera síntesis para enviarlo nuevamente a la sección farmacológica a fin de que se realizara una comprobación ampliada. Esto era inusual, porque las sustancias de ensayo normalmente se excluían definitivamente del programa de investigaciones si no se evaluaban como interesantes en la sección farmacológica.

En la primavera de 1943, pues, repetí la síntesis de LSD-25. Igual que la primera vez, se trataba sólo de la obtención de unas décimas de gramo de este compuesto.

En la fase final de la síntesis, al purificar y cristalizar la diamida del ácido lisérgico en forma de tartrato me perturbaron en mi trabajo unas sensaciones muy extrañas. Extraigo la descripción de este incidente del informe que le envié entonces al profesor Stoll:

El viernes pasado, 16 de abril de 1943, tuve que interrumpir a media tarde mi trabajo en el laboratorio y marcharme a casa, pues me asaltó una extraña intranquilidad acompañada de una ligera sensación de mareo. En casa me acosté y caí en un estado de embriaguez no desagradable, que se caracterizó por una fantasía sumamente animada. En un estado de semipenumbra y con los ojos cerrados (la luz del día me resultaba desagradablemente chillona) me penetraban sin cesar unas imágenes fantásticas de una plasticidad extraordinaria y con un juego de colores intenso, caleidoscópico. Unas dos horas después este estado desapareció.

La manera y el curso de estas apariciones misteriosas me hicieron sospechar una acción tóxica externa, y supuse que tenía que ver con la sustancia con la que acababa de trabajar, el tartrato de la dietilamida del ácido lisérgico. En verdad no lograba imaginarme cómo podría haber resorbido algo de esta sustancia, dado que estaba acostumbrado a trabajar con minuciosa pulcritud, pues era conocida la toxicidad de las sustancias del cornezuelo. Pero quizás un poco de la solución de LSD había tocado de todos modos la punta de mis dedos al recristalizarla, y un mínimo de sustancia había sido reabsorbida por la piel. Si la causa del incidente había sido el LSD, debía tratarse de una sustancia que ya en cantidades mínimas era muy activa. Para ir al fondo de la cuestión me decidí por el autoensayo. Quería ser prudente, por lo cual comencé la serie de ensayos en proyecto con la dosis más pequeña de la que, comparada con la eficacia de los alcaloides de cornezuelo conocidos, podía esperarse aún algún efecto, a saber, con 0,25 mg (mg = miligramos = milésimas de gramo) de tartrato de dietilamida de ácido lisérgico.

Autoensayos

19-4-16:20 h: toma de 0,5 cm^3 de una solución acuosa al 1/2 por mil de solución de tartrato de dietilamida peroral. Disuelta en unos 10 cm^3 de agua, insípida.

17:00 h: comienzo del mareo, sensación de miedo. Perturbaciones en la visión. Parálisis con risa compulsiva.

Añadido el 21-IV:

Con velomotor a casa. Desde las 18 h hasta aproximadamente las 20 h: punto más grave de la crisis (véase el informe especial).

Escribir las últimas palabras me costó un ingente esfuerzo. Ya ahora sabía perfectamente que el LSD había sido la causa de la extraña experiencia del viernes anterior, pues los cambios de sensaciones y vivencias eran del mismo tipo que entonces, sólo que mucho más profundos. Ya me costaba muchísimo hablar claramente, y le pedí a mi laborante, que estaba enterada del autoensayo, que me acompañara a casa. En el viaje en bicicleta —en aquel entonces no podía conseguirse un coche; en la época de posguerra los automóviles estaban reservados a unos pocos privilegiados—, mi estado adoptó unas formas amenazadoras. Todo se tambaleaba en mi campo visual, y estaba distorsionado como en un espejo alabeado. También tuve la sensación de que la bicicleta no se movía. Luego mi asistente me dijo que habíamos viajado muy deprisa. Pese a todo llegué a casa sano y salvo y con un último esfuerzo le pedí a mi acompañante que llamara a nuestro médico de cabecera y les pidiera leche a los vecinos.

A pesar de mi estado de confusión embriagada, por momentos podía pensar clara y objetivamente: leche como desintoxicante no específico.

El mareo y la sensación de desmayo se volvieron por momentos tan fuertes que ya no podía mantenerme en pie y tuve que acostarme en un sofá. Mi entorno se había transformado ahora de modo aterrador. Todo lo que había en la habitación estaba girando, y los objetos y muebles familiares adoptaban formas grotescas y generalmente amenazadoras. Se movían sin cesar, como animados, llenos de un desasosiego interior. Apenas reconocí a la vecina que me trajo la leche —en el curso de la noche bebí más de dos litros. No era ya la señora R., sino una bruja malvada y artera con una mueca de colores. Pero aún peores que estas mudanzas del mundo exterior eran los cambios que sentía en mí mismo, en mi íntima naturaleza. Todos los esfuerzos de mi voluntad de detener el derrumbe del mundo externo y la disolución de mi yo parecían infructuosos. En mí había penetrado un demonio que se había apoderado de mi cuerpo, mis sentidos y el alma. Me levanté y grité para liberarme de él, pero luego volví a hundirme impotente en el sofá. La sustancia con la que había querido experimentar me había vencido. Ella era el demonio que triunfaba haciendo escarnio de mi voluntad. Me cogió un miedo terrible de haber enloquecido. Me había metido en otro mundo, en otro cuarto con otro tiempo. Mi cuerpo me parecía insensible, sin vida, extraño. ¿Estaba muriendo? ¿Era el tránsito? Por momentos creía estar fuera de mi cuerpo y reconocía claramente, como un observador externo, toda la tragedia de mi situación. Moriría sin despedirme de mi familia…, pues mi mujer había viajado ese día con nuestros tres hijos a visitar a sus padres en Lucerna. ¿Entendería alguna vez que yo no había actuado irreflexiva, irresponsablemente, sino que había experimentado con suma prudencia y que de ningún modo podía preverse semejante desenlace? No sólo el hecho de que una familia joven iba a perder prematuramente a su padre, sino también la idea de tener que interrumpir antes de tiempo mi labor de investigador, que tanto significaba para mí, en medio de un desarrollo fructífero, promisorio e incompleto, aumentaban mi miedo y mi desesperación. Llena de amarga ironía se entrecruzaba la reflexión de que era esta dietilamida del ácido lisérgico que yo había puesto en el mundo la que ahora me obligaba a abandonarlo prematuramente.

Cuando llegó el médico, yo había superado ya el punto más alto de la crisis. Mi laborante le explicó mi autoensayo, pues yo mismo aún no estaba en condiciones de formular una frase coherente. Después de haber intentado señalarle mi estado físico presuntamente amenazado de muerte, el médico meneó desconcertado la cabeza, porque fuera de unas pupilas muy dilatadas no pudo comprobar síntomas anormales. El pulso, la presión sanguínea y la respiración eran normales. Por eso tampoco me suministró medicamentos, me llevó al dormitorio y se quedó observándome al lado de la cama. Lentamente volvía yo ahora de un mundo ingentemente extraño a mi realidad cotidiana familiar. El miedo fue cediendo y dio paso a una sensación de felicidad y agradecimiento crecientes a medida que retornaban un sentir y pensar normales y creía la certeza de que había escapado definitivamente del peligro de la locura.

Ahora comencé a gozar poco a poco del inaudito juego de colores y formas que se prolongaba tras mis ojos cerrados. Me penetraban unas formaciones coloridas, fantásticas, que cambiaban como un calidoscopio, en círculos y espirales que se abrían y volvían a cerrarse, chisporroteando en fontanas de colores, reordenándose y entrecruzándose en un flujo incesante. Lo más extraño era que todas las percepciones acústicas, como el ruido de un picaporte o un automóvil que pasaba, se transformaban en sensaciones ópticas. Cada sonido generaba su correspondiente imagen en forma y color, una imagen viva y cambiante.

A la noche regresó mi esposa de Lucerna. Se le había comunicado por teléfono que yo había sufrido un misterioso colapso. Dejó a nuestros hijos con los abuelos. Mientras tanto, me había recuperado hasta el punto de poder contarle lo sucedido.

Luego me dormí exhausto y desperté a la mañana siguiente reanimado y con la cabeza despejada, aunque físicamente aún un poco cansado. Me recorrió una sensación de bienestar y nueva vida. El desayuno tenía un sabor buenísimo, un verdadero goce.

Cuando más tarde salí al jardín, en el que ahora, después de una lluvia primaveral, brillaba el sol, todo centelleaba y refulgía en una luz viva. El mundo parecía recién creado. Todos mis sentidos vibraban en un estado de máxima sensibilidad que se mantuvo todo el día.

Este autoensayo mostró que el LSD-25 era una sustancia psicoactiva con propiedades extraordinarias. Que yo sepa, no se conocía aún ninguna sustancia que con una dosis tan baja provocara efectos psíquicos tan profundos y generara cambios tan dramáticos en la experiencia del mundo externo e interno y en la conciencia humana.

Me parecía asimismo muy importante el hecho de que pudiera recordar todos los detalles de lo experimentado en el delirio del LSD. La única explicación posible era que, pese a la perturbación intensa de la imagen normal del mundo, la conciencia *capaz* de registrar no se anulaba ni siquiera en el punto culminante de la experiencia del LSD. Además, durante todo el tiempo del ensayo había sido consciente de estar en medio del experimento, sin que, sin embargo, hubiera podido espantar el mundo del LSD a partir del reconocimiento de mi situación y por más que esforzara mi voluntad. Lo vivía, en su realidad terrorífica, como totalmente real, aterradora, porque la imagen de la otra, la familiar realidad cotidiana, había sido plenamente conservada en la conciencia.

Lo que también me sorprendió fue la propiedad del LSD de provocar un estado de embriaguez tan abarcador e intenso sin dejar resaca. Al contrario: al día siguiente me sentí —como lo he descrito— en una excelente disposición física y psíquica.

Era consciente de que la nueva sustancia activa LSD, con semejantes propiedades, tenía que ser útil en farmacología, en neurología y sobre todo en psiquiatría, y despertar el interés de los especialistas. Pero lo que no podía imaginarme entonces era que la nueva sustancia se usaría fuera del campo de la medicina, como estupefaciente en la escena de las drogas.

Como en mi primer autoensayo había vivido el LSD de manera terroríficamente demoníaca, no podía siquiera sospechar que esta sustancia hallaría una aplicación como estimulante, por así decirlo.

También reconocí sólo después de otros ensayos, llevados a cabo con dosis mucho menores y bajo otras condiciones, la significativa relación entre la embriaguez del LSD y la experiencia visionaria espontánea.

Al día siguiente escribí el ya mencionado informe al profesor Stoll sobre mis extraordinarias experiencias con la sustancia LSD-25; le envié una copia al director de la sección farmacológica, profesor Rothlin.

Como no cabía esperarlo de otro modo, mi informe causó primero una extrañeza incrédula. En seguida me telefonearon desde la dirección; el profesor Stoll preguntaba: «¿Está seguro de no haber cometido un error en la balanza? ¿Es realmente correcta la indicación de la dosis?». El profesor Rothlin formuló la misma pregunta. Pero yo estaba seguro, pues había pesado y dosificado con mis propias manos. Las dudas expresadas estaban justificadas en la medida en que hasta ese momento no se conocía ninguna sustancia que en fracciones de milésimas de gramo surtiera el más mínimo efecto psíquico. Parecía casi increíble una sustancia activa de tamaña potencia.

El propio profesor Rothlin y dos de sus colaboradores fueron los primeros que repitieron mi autoensayo, aunque sólo con un tercio de la dosis que yo había empleado. Pero aún así los efectos fueron sumamente impresionantes y fantásticos. Todas las dudas respecto de mi informe quedaron disipadas.

2

El LSD en la experimentación con animales y en la investigación biológica

Tras el descubrimiento de sus insólitos efectos psíquicos, la sustancia LSD-25, que cinco años antes, después de unas primeras pruebas en experimentos animales, había sido excluida de una investigación ulterior, fue reincluida en la serie de preparados medicinales experimentales. La mayoría de los ensayos fundamentales con animales los realizó, en la sección farmacológica de Sandoz, dirigida por Rothlin, el Dr. Aurelio Cerletti, a quien debe considerarse el pionero de la investigación farmacológica del LSD.

Antes de que pueda experimentarse una nueva sustancia activa en ensayos clínicos sistemáticos aplicados al hombre, hay que averiguar, mediante pruebas farmacológicas, datos detallados sobre sus efectos principales y secundarios, su absorción en el organismo, su excreción y, sobre todo, su tolerancia, respectivamente su toxicidad, en la experimentación animal.

Aquí sólo se comentarán los hallazgos más importantes y comprensibles también para el lego en medicina obtenidos en los experimentos animales. Excedería con mucho el marco de este libro mencionar todos los resultados de los muchos centenares de investigaciones farmacológicas que se realizaron en todo el mundo a continuación de los trabajos sobre el LSD de los Laboratorios Sandoz.

Los experimentos animales no informan mucho acerca de las modificaciones psíquicas ocasionadas por el LSD, porque éstas casi no se pueden comprobar en los animales inferiores y en modo restringido en los más evolucionados. El LSD desplegaba sus efectos sobre todo en el dominio de las funciones psíquicas y espirituales superiores y en las más altas de todas. Así es comprensible que puedan esperarse reacciones específicas al LSD en animales superiores. No pueden comprobarse cambios psíquicos sutiles en el animal, pues, aunque se hayan producido, el animal no puede expresarlos. Sólo pueden reconocerse perturbaciones psíquicas relativamente masivas, que se expresan en una conducta distinta del animal de experimentación. Para ello hacen falta dosis que también en animales superiores, como gatos, perros y monos, son muy superiores a la dosis del LSD activa en el hombre.

Mientras que en el ratón sólo pueden comprobarse perturbaciones en la motilidad y cambios en la conducta de lamido, en el gato, además de síntomas vegetativos, como pelos erizados, también se observa la presencia de alucinaciones. Los animales miran fijamente y atemorizados, y contrariamente al proverbio alemán de que «el gato nunca deja de cazar ratones», éste no sólo deja de hacerlo sino que hasta les teme. También en perros sometidos al LSD es de suponer que se producen alucinaciones. Muy sensible es la reacción de una comunidad de chimpancés en una jaula cuando un miembro de la familia toma LSD. Aunque en el propio animal no puedan comprobarse cambios, toda la jaula se alborota, porque el chimpancé con LSD aparentemente deja de cumplir con precisión las leyes del muy sutil orden jerárquico familiar. Entre las especies animales extravagantes en las que se probó el LSD citemos únicamente los peces de colores y las arañas. En los peces de acuario se observan extrañas posiciones de natación, y en las arañas se pueden comprobar cambios provocados por el LSD en la construcción de la telaraña. Con dosis óptimas muy bajas las telarañas se construyen aún más regulares y exactas que las normales; pero con dosis más altas, las arañas tejen mal y rudimentariamente.

¿Cuán venenoso es el LSD?

La toxicidad del LSD se averiguó con distintas especies animales. Una medida para la toxicidad de una sustancia es la LD_X, esto es, la dosis letal media, es decir, la dosis a la que muere el 50% de los animales tratados. En general varía mucho según la especie animal, y así también ocurre con el LSD. Para el ratón la LD_{50} es de 50-60 mg/kg i.v., es decir, 50-60 milésimas de gramo por cada kilogramo de peso del animal, al inyectar la solución de LSD en una vena. En la rata la LD_{50} desciende a 16,5 mg/kg y en el conejo a 0,3 mg/kg. Un elefante al que se le dieron 0,297 g de LSD murió después de pocos minutos. Suponiendo que este animal pesara 5.000 kg, la dosis mortal resulta ser de 0,06 miligramos por kilogramo de peso. Como se trata de un caso particular, este valor no es comparable, pero puede concluirse que el mayor animal terrestre es relativamente muy sensible al LSD, pues la dosis letal para el elefante debe de ser mil veces menor que la del ratón. La mayoría de los animales con dosis letales de LSD muere de parálisis respiratoria.

Las dosis pequeñas que llevan a los animales a la muerte pueden crear la impresión de que el LSD es una sustancia muy venenosa. Pero si se compara la dosis mortal para los animales con la dosis activa en el hombre, que es de 0,003 a

0,001 miligramos por kilogramo de peso, resulta una excelente tolerancia para el LSD. Sólo una sobredosis 300-600 veces mayor de LSD, comparada con la dosis letal para el conejo, o unas 50.000-100.000 veces mayor que la dosis tóxica para el ratón, tendrían consecuencias mortales en el hombre. Estas comparaciones de tolerancia, sin embargo, hay que entenderlas sólo en sentido dimensional, pues la amplitud terapéutica —así se designa la diferencia entre la dosis activa y la mortal— debería determinarse en una misma especie. Pero este proceder aquí no es posible, porque no se conoce la dosis de LSD que es mortal para el hombre. Por lo que sé, aún no se han conocido muertes como consecuencia directa de un envenenamiento por LSD. Sí se han presentado numerosos casos de incidentes con desenlace mortal a continuación de ingestiones de LSD, pero se trataba de desgracias, también de suicidios, que deben atribuirse al estado de turbación producido por la embriaguez del LSD. La peligrosidad del LSD no reside en su toxicidad, sino en la imposibilidad de prever sus efectos psíquicos.

Hace algunos años se publicaron en la bibliografía científica y también en la prensa general unos informes según los cuales el LSD habría provocado daño a los cromosomas, es decir, a la sustancia que determina los caracteres hereditarios. Pero estos hallazgos se habían establecido únicamente en casos individuales. Amplias investigaciones posteriores con un número grande, estadísticamente significativo de casos demostraron, empero, que no existe una relación entre las anomalías cromosomáticas y la medicación con LSD. Lo mismo vale para los informes sobre malformaciones fetales, presuntamente generadas por LSD. Es posible, en cambio, que en la experimentación animal unas dosis excesivas de LSD, que están muy por encima de las que se aplican al ser humano, generen malformaciones de los fetos. Pero esto se corresponde con condiciones en las que también provocan tales daños las sustancias activas inocuas.

El examen de informes sobre malformaciones en el hombre ha evidenciado que tampoco aquí existe una relación entre consumo de LSD y tales perjuicios. Si esa relación entre el consumo y efectos perniciosos existiera, tendría que haberse manifestado hace tiempo, puesto que han ingerido LSD ya varios millones de personas.

El LSD se resorbe fácil y completamente en el tubo digestivo. Por tanto, salvo fines especiales, no es necesario inyectar el LSD. Con LSD marcado radioactivamente se pudo comprobar en experimentos con ratones que, salvo un resto pequeño, el LSD administrado por vía endovenosa desaparece muy pronto del torrente circulatorio, para distribuirse en todo el organismo. Sorprendentemente la concentración más baja se encuentra en el cerebro. Aquí se concentra en determinados centros del cerebro intermedio, que tiene un papel en la regulación de la vida afectiva. Estos hallazgos dan indicios sobre la localización de determinadas funciones psíquicas en el cerebro.

La concentración de LSD en los diversos órganos alcanza sus máximos unos diez a quince minutos después de la inyección; luego decae rápidamente. Una excepción la constituye el intestino delgado, en el que la concentración alcanza su máximo a las dos horas. La eliminación del LSD se produce en su mayor parte, en un 80%, por el hígado y la bilis a través del intestino. El producto excretado contiene entre un 1% y un 10% de LSD inalterado; el resto está compuesto por diversos productos de transformación.

Dado que los efectos psíquicos del LSD siguen cuando ya no se puede verificar su presencia en el organismo, debe suponerse que ya no actúa como tal, sino que pone en movimiento determinados mecanismos bioquímicos, neurofisiológicos y psíquicos que llevan al estado de embriaguez, y que luego continúan sin sustancia activa.

El LSD estimula centros del sistema nervioso simpático en el cerebro intermedio, lo cual conduce a la dilatación de pupilas, al incremento de la temperatura corporal y el aumento del nivel de glucemia. Ya se mencionó el efecto contractor del útero del LSD.

Una propiedad farmacológica particularmente interesante del LSD, descubierta por J. H. Gaddum en Inglaterra, es su efecto bloqueador de la serotonina. La serotonina es una sustancia activa natural que aparece en diversos órganos del organismo de animales de sangre caliente. Está concentrada en el cerebro intermedio y tiene un papel importante en la transmisión de estímulos en ciertos nervios y con ello en la bioquímica de las funciones psíquicas. Durante un tiempo se atribuyeron los efectos psíquicos del LSD a la perturbación de las funciones naturales de la serotonina. Pero pronto se mostró que también ciertos derivados del LSD, unos compuestos en los que la estructura química del LSD está apenas modificada, y que no presentan propiedades alucinógenas, impiden los efectos de la serotonina tanto o más que el LSD puro. Por lo tanto, el efecto bloqueador de la serotonina por parte del LSD no basta para explicar sus propiedades alucinógenas.

El LSD también influye en funciones neurofisiológicas conectadas con la dopamina, una sustancia de tipo hormonal igualmente natural. La mayoría de los centros cerebrales que responden a la dopamina se activan con el LSD; otros se ven amortiguados.

Todavía no se conocen los mecanismos bioquímicos a través de los cuales el LSD desarrolla sus efectos psíquicos. Investigaciones sobre la interrelación entre el LSD y factores cerebrales como la serotonina y la dopamina son ejemplos de cómo el LSD puede servir de instrumento para estudiar los procesos bioquímicos que están en la base de las funciones psíquicas.

3

Derivados químicos del LSD

Cuando en la investigación farmacéutico-química se descubre una nueva sustancia activa, sea por aislamiento de una droga vegetal o de órganos animales, sea por síntesis, como en el caso del LSD, el químico, mediante modificaciones de su molécula, intenta crear nuevos compuestos que tengan un efecto similar y en lo posible mejor, u otras cualidades activas valiosas. Se habla entonces de la derivación química de este tipo de sustancia activa. En la abrumadora mayoría de las, digamos, veinte mil sustancias nuevas que se crean anualmente en los laboratorios de investigación farmacéutico-química de todo el mundo, se trata de tales productos derivados de relativamente pocos tipos de sustancias activas. El hallazgo de una sustancia realmente nueva en cuanto a estructura química y efecto farmacológico se refiere es un raro golpe de fortuna.

Poco después del descubrimiento de los efectos psíquicos del LSD me asignaron dos colaboradores, con los que pude llevar a cabo la derivación química del LSD y otras investigaciones en el terreno de los alcaloides del cornezuelo sobre una base más amplia. Con el Dr. Theodor Petrzilka continuamos los trabajos sobre la estructura química de los alcaloides del cornezuelo del tipo péptido, a los que pertenecían la ergotamina y los alcaloides del grupo de la ergotoxina. Junto con el Dr. Franz Trolier fabricamos un gran número de derivados químicos del LSD, e intentamos obtener una mayor comprensión de la estructura del ácido lisérgico, para el cual investigadores norteamericanos habían ya propuesto una fórmula estructural. En 1949 logramos corregir esa fórmula e indicar la estructura válida de esta piedra fundamental de los alcaloides del cornezuelo y, por ende, del LSD.

Las investigaciones de los alcaloides péptidos del cornezuelo llevaron a las fórmulas estructurales completas de estas sustancias; las publicamos en 1951. Su corrección fue confirmada por la síntesis total de la ergotamina que pudo realizarse diez años después junto a dos colaboradores más jóvenes, los doctores Albert J. Frey y Hans Ott. Más tarde, esta síntesis fue evolucionando hasta transformarse en un procedimiento a escala industrial; el mérito de esta evolución le corresponde sobre todo al Dr. Paul A. Stadler. La preparación sintética de los alcaloides péptidos del cornezuelo usando ácido lisérgico, que se obtiene de soluciones de cultivos especiales de la seta del cornezuelo, tiene una gran importancia económica. Con este procedimiento pueden fabricarse las sustancias de partida para los medicamentos Hydergin y Dihydergot de manera racional.

Volvamos a las modificaciones químicas del LSD. Ninguno de los muchos derivados del ácido lisérgico emparentados con el LSD y preparados a partir de 1945 en colaboración con el Dr. Troxler era más activo como alucinógeno que el LSD. Ya los parientes más cercanos resultaban mucho menos activos en este respecto.

Hay cuatro posibilidades de ordenamiento especial de los átomos en la molécula de LSD. En el lenguaje profesional se las distingue con el prefijo *iso-*y las letras *D-* y *L-*. Además del LSD, que debería designarse más precisamente como D-dietilamida del ácido lisérgico, preparé y autoensayé asimismo las otras tres formas espaciales del LSD: la D-dietilamida del ácido lisérgico (iso-LSD), la L-dietilamida del ácido lisérgico (L-LSD) y la L-isodietilamida del ácido lisérgico (L-iso-LSD). Hasta una dosis de 0,5 mg, es decir una cantidad veinte veces mayor que la dosis de LSD aún claramente activa, estos tres isómeros no presentaban efecto psíquico alguno.

Una sustancia muy cercana al LSD, la monoetilamida del ácido lisérgico (LAE-23), en la que el resto de dietilamida del LSD de uno de los grupos etilo está sustituido por un átomo de hidrógeno, resultó ser diez veces menos psicoactiva que el LSD. También es cualitativamente distinto el efecto alucinógeno de esta sustancia: se caracteriza por un componente narcótico. Este efecto es aún más pronunciado en la amida del ácido lisérgico (LA-111), en el que ambos grupos etilo del LSD están sustituidos por átomos de hidrógeno. Estos efectos de la LA-111 y la LAE-32, que comprobé en autoensayos, fueron confirmados más tarde en exámenes clínicos.

La amida del ácido lisérgico, que habíamos sintetizado artificialmente para estas investigaciones, la reencontramos quince años después como sustancia activa natural presente en el *ololiuqui*, la droga mágica mexicana. En un apartado posterior trataré más extensamente este descubrimiento sorprendente.

Los resultados de la derivación química del LSD fueron valiosos para la investigación farmacológica al hallarse derivados que eran apenas o nada alucinógenos, y que en cambio presentaban intensificados otros efectos del LSD. Uno de ellos es un efecto bloqueador de la neurohormona serotonina, que señalábamos al discutir las propiedades farmacológicas del LSD. Como la serotonina cumple un papel en los procesos alérgico-inflamatorios y también en el origen de la migraña, una sustancia específicamente bloqueadora de la serotonina era muy importante para la investigación médica. Por eso buscamos sistemáticamente los derivados del LSD no alucinógenos pero con la mayor eficacia posible como inhibidores de la serotonina. La primera sustancia activa de esa índole que hallamos fue el bromo-LSD, que se ha difundido en la investigación médico-biológica con la designación de BOL-148. A continuación, y en el marco de nuestras investigaciones sobre antagonistas de la serotonina, el Dr. Troxler creó unos compuestos aún más fuertes y específicos. El más eficaz ingresó en el mercado de medicamentos con el nombre de marca de «Deseril» (en el ámbito angloparlante con el de «Sansert») para el tratamiento a intervalos de la migraña.

4

La aplicación del LSD en psiquiatría

La primera investigación sistemática del LSD en el ser humano fue realizada por el Dr. Werner A. Stoll, un hijo del profesor Arthur Stoll, en la clínica psiquiátrica de la Universidad de Zúrich y publicada en 1947 en el *Schweizer Archiv für Neurologie und Psychiatrie* (Archivo Suizo de Neurología y Psiquiatría) bajo el título de «La dietilamida del ácido lisérgico, un *phantasticum* del grupo del cornezuelo de centeno».

La prueba se realizó tanto con personas sanas como con esquizofrénicas. Las dosis eran mucho menores que en mi autoensayo con 0,25 mg de tartrato de LSD; se emplearon sólo 0,02-0,13 mg. Los sentimientos durante la embriaguez de LSD fueron aquí predominantemente eufóricos, mientras que en mí, a consecuencia de la sobredosis, se habían caracterizado por graves síntomas secundarios y temor al desenlace incierto.

En esta publicación fundamental ya se describían científicamente todos los síntomas de la embriaguez lisérgica y se caracterizaba la nueva sustancia activa como un *phantasticum*. La cuestión de la acción terapéutica del LSD quedaba en suspenso. Se destacaba, en cambio, la elevadísima eficacia del LSD, que se mueve en dimensiones como las que se suponen para unas sustancias que están presentes en el organismo y son las causantes de determinadas enfermedades mentales. Dada la enorme eficacia del LSD, esta primera publicación ya tomaba en consideración, asimismo, la posibilidad de aplicarlo como instrumento de investigación psiquiátrica.

El primer autoensayo de un psiquiatra

En su publicación, W. A. Stoll dio también una amplia descripción de su propia experiencia con LSD. Como se trata de la primera publicación del autoensayo de un psiquiatra, y muestra muchos rasgos característicos de la embriaguez del LSD, conviene reproducirla aquí, un poco abreviada. Le agradezco a su autor permitirme la reproducción de su informe:

A las 8.00 horas ingerí 60 (0,06 mg) de LSD. Unos veinte minutos más tarde se presentaron los primeros síntomas: pesadez en los miembros, suaves indicios atáxicos. Comenzó una fase subjetivamente muy desagradable de malestar generalizado, paralela a la hipotensión objetivamente medida [...].

Luego se presentó una cierta euforia, que sin embargo me parecía menor que en un ensayo anterior. Aumentó la ataxia: caminé con largos pasos «navegando» por la habitación. Me sentí un poco mejor, pero preferí acostarme.

Después de dejar la habitación a oscuras (experimento de oscuridad), se presentó –en medida creciente– una experiencia desconocida de inimaginable intensidad. Se caracterizaba por una increíble variedad de alucinaciones ópticas, que surgían y desaparecían muy rápidamente, para dar paso a formaciones nuevas. Era un alzarse, circular, burbujear, chisporrotear, llover, cruzarse y entrelazarse en un torrente incesante.

El movimiento parecía fluir hacia mí predominantemente desde el centro o la esquina inferior izquierda de la imagen. Cuando se dibujaba una forma en el centro, simultáneamente el resto del campo visual estaba lleno de un sinnúmero de esas imágenes. Todas eran coloridas; predominaban el rojo brillante, el amarillo y el verde.

Nunca lograba detenerme en una imagen. Cuando el director del ensayo remarcaba mi vasta fantasía, la riqueza de mis indicaciones, no podía menos que sonreírme compasivamente. Sabía que podía fijar sólo una fracción de las imágenes, y mucho menos darles un nombre. Tenía que obligarme a describir. La caza de colores y formas, para los que conceptos como fuegos artificiales o calidoscopio eran pobres y nunca suficientes, despertó en mí la creciente necesidad de profundizar en ese mundo extraño y fascinante; la superabundancia me llevaba a dejar actuar esta riqueza inimaginable sobre mí sin más.

Al principio las alucinaciones eran del todo elementales: rayos, haces de rayos, lluvia, aros, torbellinos, moños, aerosoles, nubes, etcétera, etcétera. Luego aparecieron también imágenes más organizadas: arcos, series de arcos, mares de techos, paisajes desérticos, terrazas, fuegos con llamas, cielos estrellados de una belleza insospechada. Entre estas formaciones organizadas reaparecían también las elementales que habían prevalecido al comienzo. En particular recuerdo las siguientes imágenes:

— Una fila de elevados arcos góticos, un coro inmenso, sin que se vieran las partes de abajo.

— Un paisaje de rascacielos, como el muy conocido de la entrada al puerto de Nueva York; torres apiladas una detrás de otra y una al lado de otra, con innumerables series de ventanas. Nuevamente faltaba la base.

— Un sistema de mástiles y cuerdas, que me recordaba una reproducción de pinturas (el interior de una tienda de circo) vista el día anterior.

— Un cielo de atardecer con un azul increíblemente suave sobre los techos oscuros de una ciudad española. Sentí una extraña expectativa, estaba contento y notablemente dispuesto a las aventuras. De pronto las estrellas resplandecieron, se acumularon y se convirtieron en una densa lluvia de estrellas y chispas que fluía hacia mí. La ciudad y el cielo habían desaparecido.

Estaba en un jardín; a través de una reja oscura veía caer refulgentes luces rojas, amarillas y verdes. Era una experiencia indescriptiblemente gozosa.

Lo esencial era que todas las imágenes estaban construidas por incalculables repeticiones de los mismos elementos: muchas chispas, muchos círculos, muchos arcos, muchas ventanas, muchos fuegos... Nunca vi algo solo, sino siempre lo mismo infinitas veces repetido.

Me sentí identificado con todos los románticos y fantaseadores, pensé en E.T.A. Hoffman, vi el Maelstrom de Poe, pese a que en su momento esa descripción me había parecido exagerada. A menudo sentía hallarme en las cimas de la vivencia artística, me abandonaba al goce de los colores del altar de Isenheim y sentía lo dichoso y sublime de una visión artística. También debo de haber hablado repetidas veces de arte moderno; pensaba en cuadros abstractos que de pronto parecía comprender. Luego, las impresiones eran extremadamente cursis, tanto por sus formas cuanto por su combinación de colores. Me vinieron a la mente las decoraciones más baratas y horribles de lámparas y cojines de sofá. El ritmo de pensamientos se aceleró. Pero no me parecía tan veloz como para que el director del ensayo no pudiera seguirme. A partir del puro intelecto, por cierto, sabía que lo estaba apurando. Al principio se me ocurrían rápidamente denominaciones adecuadas. Con la creciente aceleración del movimiento se fue haciendo imposible terminar de pensar una idea. Muchas oraciones las debo de haber comenzado solamente...

En general fracasaba en el intento de concentrarme en determinadas imágenes. Incluso se presentaban cuadros en cierto sentido contradictorios: en vez de una iglesia, rascacielos; en vez de una cadena montañosa, un vasto desierto.

Creo haber calculado bien el tiempo transcurrido. No fui muy crítico al respecto, puesto que esta cuestión no me interesaba en lo más mínimo.

El estado de ánimo era de una euforia consciente. Gozaba con la situación, estaba contento y participaba muy activamente en lo que me sucedía. A ratos abría los ojos. La tenue luz roja resultaba mucho más misteriosa que de costumbre. El director del ensayo, que escribía sin cesar, me parecía muy lejano. A menudo tenía sensaciones físicas peculiares. Creía, por ejemplo, que mis manos descansaban sobre algún cuerpo; pero no estaba seguro de que fuera el mío.

Terminado este primer ensayo de oscuridad comencé a caminar por el cuarto. Mi andar era vacilante y volví a sentirme peor. Tenía frío y le agradecí al director que me envolviera en una manta. Me sentía abandonado, no afeitado y sin lavar. El cuarto parecía ajeno y lejano. Luego me senté en la silla del laboratorio, y pensaba continuamente que estaba sentado como un pájaro en una estaca.

El director del ensayo recalcó mi mal aspecto. Parecía extrañamente delicado. Yo mismo tenía manos pequeñas y sutiles. Cuando me las lavé, ello ocurrió lejos de mí, en algún sitio, abajo, a la derecha. Era dudoso que fueran las mías, pero ello carecía de importancia.

En el paisaje, que me era bien conocido, parecían haber cambiado muchas cosas. Al lado de lo alucinado pude ver al principio también lo real. Luego eso ya no fue posible, aunque seguía sabiendo que la realidad era distinta…

Un cuartel y el garage situado delante a la izquierda se convirtieron de pronto en un paisaje de ruinas derribadas a cañonazos. Vi escombros de paredes y vigas salientes, una visión sin duda desencadenada por el recuerdo de las acciones de guerra habidas en esta zona.

En el campo regular, extenso, veía sin cesar unas figuras que traté de dibujar, sin poder superar los primeros trazos burdos. Era una ornamentación inmensamente rica, en flujo con-

tinuo. Sentí recordar todo tipo de culturas extrañas, vi motivos mexicanos, hindúes. Entre un enrejado de maderitas y enredaderas aparecían pequeñas muecas, ídolos, máscaras, entre
los que curiosamente de pronto se mezclaban «Manöggels»
(hombrecillos de cuentos infantiles). El ritmo era ahora menor que durante el ensayo de oscuridad.

La euforia se había perdido; me deprimí, lo cual se mostró especialmente en un segundo ensayo de oscuridad. Mientras que en el primero las alucinaciones se habían sucedido
con la mayor velocidad en colores claros y luminosos, ahora
predominaban el azul, el violeta, el verde oscuro. El movimiento de las figuras mayores era más lento, más suave, más
tranquilo, si bien sus contornos estaban formados por una llo-
vizna de «puntos elementales» que giraban y fluían a gran velocidad. Mientras que en el primer ensayo de oscuridad el
movimiento a menudo se dirigía hacia mí, ahora a menudo se
alejaba de mí, hacia el centro del cuadro, donde se dibujaba
una abertura succionadora. Veía grutas con paredes fantástica-
mente derrubiadas y cuevas de estalactitas y estalagmitas, y me
acordé del libro infantil «En el reino maravilloso del rey de la
montaña». Se combaban tranquilos sistemas de arcos. A la derecha apareció una serie de techos de cobertizos y pensé en
una cabalgata vespertina durante el servicio militar. Se trataba
significativamente de un cabalgar a casa. Allí no había nada de
gana de partir ni de sed de aventuras. Me sentía protegido, en-
vuelto en maternidad, estaba tranquilo. Las alucinaciones ya
no eran excitantes, sino suaves y amansadoras. Un poco más
tarde tuve la sensación de poseer yo mismo fuerza maternal;
sentía cariño, deseos de ayudar y hablaba de manera muy sen-
timental y cursi sobre la ética médica. Así lo reconocí y pude
dejar de hacerlo.

Pero el estado de ánimo depresivo continuó. Repetidas
veces intenté ver cuadros claros y alegres. Era imposible; surgían únicamente formaciones oscuras, azules y verdes. Quería
imaginarme fuegos lucientes como en el primer ensayo de os-

curidad. Y vi fuegos: pero eran holocaustos en la almena de un castillo nocturno en una pradera otoñal. Una vez logré divisar un grupo luminoso de chispas que se elevaba; pero a media altura se convirtió en un grupo de pavones oscuros que pasaba tranquilamente. Durante el ensayo estuve muy impresionado de que mi estado de ánimo guardara una interrelación tan estrecha e inquebrantable con el tipo de alucinaciones.

Durante el segundo ensayo de oscuridad observé que los ruidos casuales y luego también los emitidos adrede por el director del ensayo producían modificaciones sincrónicas de las impresiones ópticas (sinestesias). Asimismo, una presión ejercida sobre el globo ocular provocaba cambios en la visión.

Hacia el final del segundo ensayo de oscuridad me fijé en fantasías sexuales que estaban, sin embargo, ausentes por completo. No podía sentir deseo sexual alguno. Quise imaginarme una mujer; pero sólo apareció una escultura abstracta moderno-primitiva que no producía ningún efecto erótico y cuyas formas fueron asumidas y reemplazadas inmediatamente por círculos y lazos movedizos.

Tras concluir el segundo ensayo de oscuridad me sentí obnubilado y con malestar físico. Transpiraba, estaba cansado. Gracias a Dios, no necesitaba ir hasta la cantina para comer. La laborante que nos trajo la comida me pareció pequeña y lejana, dotada de la misma y extraña delicadeza que el director del ensayo...

Hacia las 15 horas me sentí mejor, de modo que el director pudo continuar con sus tareas. Con dificultades, comencé a estar en condiciones de redactar yo mismo el protocolo. Estaba sentado a la mesa, quería leer, pero no podía concentrarme. Me sentía como uno de esos personajes de los cuadros surrealistas cuyos miembros no están unidos al cuerpo, sino que están sólo pintados a su lado...

Estaba deprimido, y por interés pensé en la posibilidad de mi suicidio. Con algún susto comprobé que tales pensamientos me resultaban extrañamente familiares. Me parecía peculiarmente comprensible que un individuo depresivo se suicidara...

En el camino a casa y durante el transcurso de la noche volví a estar eufórico y pleno de los acontecimientos de la mañana. Sin saberlo, lo experimentado me había causado una impresión indeleble. Me parecía que un período completo de mi vida se había concentrado en unas pocas horas. Me seducía repetir el intento.

Al día siguiente mi pensar y actuar fue incitante, me costaba un gran esfuerzo concentrarme, todo me daba igual... Este estado voluble, levemente ensoñado, continuó por la tarde. Tenía dificultades para informar más o menos ordenadamente acerca de una tarea simple. Crecía un cansancio general y la sensación de que volvía a situarme en la realidad.

Al segundo día después del ensayo mi naturaleza era indecisa... Depresión suave pero clara durante toda la semana, cuya relación con el LSD, desde luego, era sólo mediata.

Los efectos psíquicos del LSD

El cuadro de acción del LSD, tal como se ofrecía después de estas primeras investigaciones, no era nuevo para la ciencia. Concordaba en gran medida con el de la mescalina, un alcaloide ya investigado a comienzos de siglo. La mescalina es la sustancia psicoactiva contenida en el cactus mexicano *Lophophora Williamsii* (sinónimo: *Anhalonium Lewinii*). Ya en época precolombina, y aún hoy día, los indios comían este cactus como droga sagrada en el marco de ceremonias religiosas. En su monografía «Phantastica», L. Lewin ha descrito ampliamente la historia de esta droga que los aztecas designaban con el nombre de *peyotl*. El alcaloide mescalina fue aislado por A. Heffter a partir del cactus en 1896, y en 1919 E. Späth elucidó su estructura química y la sintetizó. Era el primer alucinógeno o *phantasticum* (como Lewin designó este tipo de sustancia activa) en forma de sustancia pura, con el que podían estudiarse modificaciones químicamente provocadas de las percepciones sensoriales, alucinaciones y cambios en la conciencia. En los años veinte se realizaron numerosos experimentos con animales, así como ensayos con seres humanos, sobre los que K. Beringer dio una visión de conjunto en su escrito *Der Meskalinrausch* [La embriaguez de mescalina]. Dado que estas investigaciones no mostraban una aplicabilidad terapéutica de la mescalina, esta sustancia activa dejó de suscitar interés.

Con el descubrimiento del LSD la investigación de los alucinógenos cobró nuevo impulso. Lo novedoso del LSD frente a la mescalina era la elevada eficacia, que se movía en otro orden. A la dosis activa de 0,2-0,5 g de mescalina se contrapone la de 0,00002-0,0001 g de LSD, es decir, que el LSD es 5.000-10.000 veces más activo que la mescalina.

Esta actividad tan elevada del LSD entre los psicofármacos no sólo tiene una importancia cuantitativa, sino que es también una característica cualitativa de esta sustancia, porque en ella se expresa una acción muy específica, es decir, dirigida, sobre la psique humana. También puede deducirse de esto que el LSD ataca centros capitales de regulación de las funciones psíquicas y espirituales.

Los efectos psíquicos del LSD, generados por cantidades tan ínfimas de sustancia, son demasiado significativos y multiformes para que puedan explicarse a través de cambios tóxicos de las funciones cerebrales. Si sólo se tratara de un efecto tóxico en el cerebro, las experiencias con LSD no tendrían una importancia psicológica y psiquiátrica, sino sólo psicopatológica. Más bien deben de cumplir un papel las modificaciones en la conductibilidad de los nervios y la influencia en la actividad de las sinapsis, que han sido demostradas experimentalmente. De este modo podría lograrse también una influencia sobre el sistema sumamente complejo de conexiones transversales y sinapsis entre los miles de millones de células cerebrales en el que se fundan las actividades psíquicas y espirituales superiores. Habrá que investigar en esta dirección para explicar el profundo efecto del LSD.

De las cualidades de acción del LSD resultaban numerosas posibilidades de aplicación médico-psiquiátrica, ya señaladas por W. A. Stoll en su citado estudio fundamental. Por eso, Sandoz puso la nueva sustancia activa a disposición de los institutos de investigación y del cuerpo médico, en forma de preparado experimental con el nombre de marca de «Delysid» (del alemán, D-Lysergsäurediäthylamid) que yo había propuesto. El prospecto adjunto describía esas posibilidades de aplicación y daba las medidas de precaución correspondientes.

La aplicación del LSD para el relajamiento anímico en la psicoterapia analítica se basa sobre todo en los efectos consignados a continuación.

En la embriaguez lisérgica la imagen cotidiana del mundo experimenta una profunda transformación y sacudida. Con esto se puede conectar una relajación o incluso una supresión de la barrera yo/tú. Ambas sirven para que los pacientes que estén empantanados en una problemática egocéntrica puedan desprenderse de su fijación y su aislamiento, estableciendo así un mejor contacto con el médico y una mayor y más abierta predisposición a la influencia psicoterapéutica. En el mismo sentido, se traduce una mayor influenciabilidad bajo los efectos del LSD.

Otra característica importante, psicoterapéuticamente valiosa de la embriaguez del LSD, consiste en que los contenidos de experiencias olvidadas o reprimidas a menudo vuelven a la conciencia. Si se trata de los acontecimientos traumáticos buscados en el psicoanálisis bajo la influencia del LSD, se revivieron recuerdos incluso de la primera infancia. No se trata aquí de un recordar común, sino de un verdadero revivir, no de una *réminiscence,* sino de una *réviviscence,* como lo ha formulado el psiquiatra francés Jean Delay.

El LSD no actúa como un verdadero medicamento, sino que cumple el papel de un recurso medicamentoso en el marco de un tratamiento psicoanalítico y psicoterapéutico, capaz de dar una mayor eficacia y una menor duración a dicho tratamiento. Con esta función es aplicado de dos formas distintas.

Uno de los procedimientos, desarrollado en clínicas europeas y conocido como terapia psicolítica, se caracteriza por la administración de dosis medias de LSD durante varios días de tratamiento separados por intervalos. Las experiencias de LSD se elaboran en la posterior conversación de grupo y en una terapia de expresión a través del dibujo y la pintura. El término «terapia psicolítica» (*psycholytic therapy*) fue acuñado por Ronald A. Sandison, terapeuta inglés de la corriente de Jung y pionero de la investigación clínica del LSD. La raíz *lysis* indica la disolución de tensiones o conflictos en la psique humana.

En el segundo procedimiento, la terapia preferida en Estados Unidos, después de la correspondiente preparación espiritual intensa del paciente se le administra una dosis única, muy fuerte (0,3-0,6 miligramos) de LSD. En este método, designado «terapia psicodélica» (*psychedelic therapy*), se trata de desencadenar mediante una reacción de *shock* de LSD una experiencia místico-religiosa. Ésta ha de servir en el tratamiento psicoterapéutico subsiguiente como punto de partida para una reestructuración y cura de la personalidad del paciente. La denominación de *psychedelic,* que puede traducirse como «descubridor o revelador del alma», fue introducida por Humphry Osmond, un pionero de la investigación del LSD en Estados Unidos.

El aprovechamiento del LSD como recurso medicamentoso en psicoanálisis y psicoterapia se basa en efectos opues-
tos a los que provocan los psicofármacos del tipo de los tran-
quilizantes. Mientras que éstos más bien tapan los problemas
y conflictos del paciente, de modo que parezcan menos graves e importantes, el LSD, por el contrario, los pone al descubierto; el paciente los vive con mayor intensidad, con lo cual
los conoce con mayor nitidez y se tornan más accesibles al
tratamiento psicoterapéutico.

La utilidad práctica y el éxito del apoyo medicamentoso del psicoanálisis y la psicoterapia mediante el LSD aún
son materia de discusión entre los círculos profesionales.
Pero lo mismo vale para otros procedimientos empleados
en psiquiatría, como el electrochoque, la insulinoterapia o
la psicoquirurgia, cuya aplicación encierra, además, un
riesgo mucho mayor que la de LSD. El empleo de LSD en
condiciones apropiadas puede considerarse prácticamente
inocuo.

Numerosos psiquiatras piensan que la rápida vuelta a la
conciencia de experiencias olvidadas o reprimidas, que ha
podido observarse a menudo como resultado de la acción del
LSD, no es una ventaja sino una desventaja. Opinan que no
alcanza el tiempo necesario para la elaboración psicoterapéutica, y que en consecuencia el efecto curativo es menos duradero que con una lenta concienciación de las vivencias
traumáticas y su tratamiento escalonado.

Tanto la terapia psicolítica cuanto, y especialmente, la psicodélica, exigen una preparación a fondo del paciente para la
experiencia de LSD; no debe atemorizarse con lo desacos-
tumbrado o extraño. También es importante la selección de
los pacientes, puesto que no todas las clases de perturbaciones psíquicas responden igual de bien a estos tratamientos.
Por lo tanto, una aplicación exitosa del psicoanálisis y la psi-

coterapia apoyados por el LSD presupone unos conocimientos y unas experiencias especiales.

Éstas incluyen también autoensayos del psiquiatra, cuya utilidad había señalado ya W. A. Stoll. La experiencia personal le permite al médico formarse una idea inmediata de los extraños mundos de la embriaguez del LSD, y tan sólo eso le posibilita comprender verdaderamente estos fenómenos en sus pacientes, interpretarlos con un análisis correcto y aprovecharlos plenamente.

Los pioneros en el empleo de LSD como auxiliar medicamentoso en psicoanálisis y psicoterapia que merecen citarse en primer lugar son A. K. Busch y W. C. Johnson, S. Cohen y B. Eisner, H. A. Abramson, H. Osmond, A. Hoffer, en los Estados Unidos; R. A. Sandison, en Inglaterra; W. Frederking, H. Leuner, en Alemania; G. Roubicek y St. Grof en Checoslovaquia.

La segunda indicación del prospecto de Sandoz sobre Delysid para el LSD se refiere a su aplicación en exámenes experimentales sobre la naturaleza de la psicosis. Se basa en el hecho de que los estados psíquicos excepcionales creados experimentalmente con LSD en personas sanas se parecen a algunas manifestaciones en ciertas enfermedades mentales. Sin embargo, la opinión sustentada en algunas partes al comienzo de la investigación del LSD de que en la embriaguez de LSD se estaba en presencia de una suerte de «psicosis modelo», se fue dejando de lado porque unas amplias investigaciones comparativas dieron como resultado que existen diferencias sustanciales entre las formas en que se manifiestan las psicosis y la experiencia de LSD. Con todo, el modelo de LSD permite estudiar desviaciones del estado psíquico y mental normal y las modificaciones bioquímicas y electrofisiológicas que suponen. Posiblemente así podamos formarnos una idea más acabada de la naturaleza de las psicosis. Según algunas teorías, determinadas enfermedades mentales podrían estar provocadas por productos psicotóxicos finales del metabolismo, que incluso en cantidades mínimas pueden modificar la función de las células del cerebro. En el LSD se ha encontrado una sustancia que no aparece en el organismo humano, pero cuya existencia y acción muestran que podría haber productos finales anormales del metabolismo que provoquen perturbaciones mentales aunque no haya más que trazas de estos productos. Con ello, la concepción de la génesis bioquímica de determinadas enfermedades mentales ha encontrado un nuevo apoyo, y la investigación se ha visto estimulada en este sentido.

Una aplicación medicinal del LSD, que toca los fundamentos de la ética médica, es su administración a moribundos. Se basa en observaciones realizadas en clínicas norteamericanas: muestran que los dolores muy fuertes de enfermos de cáncer que ya no respondían a analgésicos convencionales, eran atenuados o eliminados totalmente por el LSD. Es posible que no se trate aquí de una acción analgésica en el verdadero sentido. La desaparición del dolor debe producirse más bien porque el paciente sometido a la influencia del LSD se separa psíquicamente de su cuerpo hasta tal punto que el dolor físico *ya* no penetra en su conciencia. También en esta aplicación del LSD son decisivos para el éxito del tratamiento la preparación y el esclarecimiento del paciente respecto del tipo de experiencias y de transformaciones que le aguardan. En muchos casos fue también benéfica la conducción de los pensamientos hacia cuestiones religiosas, realizada por un sacerdote o por un psicoterapeuta. Hay numerosos informes sobre pacientes que, liberados del dolor en su lecho de muerte, fueron partícipes de una comprensión profunda de la vida y de la muerte en el éxtasis provocado por el LSD. Luego, reconciliados con su destino, aguardaron su última hora terrenal sin temor y en paz.

Las experiencias habidas hasta ahora en el terreno de la administración de LSD a enfermos de muerte se recopilaron en el libro *The Human encounter with Death* [El encuentro del hombre con la muerte], de Stanislav Grof y J. Halifax. Junto a E. Kart, S. Cohen y W. A. Pahnke, estos autores son algunos de los pioneros de esta aplicación del LSD.

La última publicación detallada acerca del empleo del LSD en psiquiatría, en la que se procede a una interpretación crítica de la experiencia del LSD a la luz de las concepciones de Freud y Jung, así como los del análisis del «Dasein» (existencia), pertenece también al psiquiatra checo Stanislav Grof, emigrado a Estados Unidos: *Realms of the Human Unconscious. Observations from LSD Research* [El inconsciente humano. Observaciones sobre los estudios con LSD].

5

De medicamento a droga narcótica

En los primeros años después de descubrirlo, el LSD me proporcionó alegrías y satisfacciones, como las siente el químico farmacéutico cuando se perfila la posibilidad de que una sustancia por él creada se convierta en un medicamento valioso. Pues la creación de nuevos remedios es el objetivo de su actividad de investigador; en ella reside el sentido de su trabajo.

Experimentos no médicos

Esta alegría por la paternidad del LSD se vio empañada cuando, después de más de diez años de investigación científica y aplicación médica no turbada, el LSD fue arrastrado a la poderosa ola de toxicomanía que comenzó a extenderse hacia fines de la década de los cincuenta en el mundo occidental y sobre todo en Estados Unidos. El LSD hizo una carrera increíblemente rápida en su nuevo papel de estupefaciente. Durante un tiempo fue la droga número uno, al menos en lo que a publicidad respecta. Cuanto más se extendía su aplicación como estupefaciente y crecía así el número de los incidentes causados por un uso irreflexivo, no controlado por médicos, tanto más el LSD se convertía para mí y para la empresa Sandoz en el hijo de nuestros desvelos.

Era obvio que una sustancia con efectos tan fantásticos sobre la percepción sensorial y sobre la experiencia del mundo exterior e interior, despertaría también el interés de círculos ajenos a la ciencia medicinal. Pero jamás hubiera esperado que el LSD, que —con su acción profunda tan imprevisible e inquietante— no tiene de ningún modo el carácter de estimulante, encontraría una aplicación mundial como estupefaciente. Me había imaginado que fuera de la medicina se interesarían por el LSD los filósofos, los artistas, pintores y escritores, pero no amplios grupos de legos. Después de las publicaciones científicas sobre la mescalina, que habían aparecido a comienzos de siglo, y cuyos efectos psíquicos son, como ya hemos dicho, cualitativamente parecidos a los del LSD, la aplicación de esta sustancia activa siguió restringida a la medicina y a experimentos en círculos artísticos y literarios; lo mismo había esperado para el LSD. Efectivamente, los primeros autoensayos no médicos fueron realizados por escritores, pintores, músicos y personas interesadas en las ciencias del espíritu. Se informó sobre sesiones de LSD que habían inducido experiencias estéticas fuera de lo común y nuevas comprensiones de la naturaleza de los procesos creativos. En sus obras, los artistas se veían influenciados de forma no convencional. Se desarrolló un género artístico especial, que se ha hecho famoso con el nombre de arte psicodélico. Este nombre comprende creaciones surgidas bajo la influencia de LSD y otras drogas psicodélicas, en las que la droga actuaba como estimulante y fuente de inspiración. La publicación capital en este terreno es el libro de Robert E. L. Masters y Jean Houston: *Psychedelic Art* [Arte psicodélico]. Las obras de arte psicodélicas no se crearon durante la acción de la droga, sino sólo después, influenciadas por lo experimentado. Mientras dura el estado de embriaguez, la actividad artística es difícil o incluso imposible. La afluencia de imágenes es demasiado rápida y cambiante para poder retenerse y elaborarse. Un espectáculo arrollador paraliza la actividad. Por tanto, las producciones realizadas durante la embriaguez de LSD ofrecen en general un carácter rudimentario y no merecen tomarse en cuenta por su valor artístico, sino que más bien deben ser consideradas una especie de psicogramas que proporcionan una introspección en las estructuras anímicas profundas del artista, activadas y llevadas a la conciencia por el LSD. Ello también lo mostró expresivamente una amplia investigación posterior del psiquiatra muniqués Richard P. Hartmann, en la que participaron treinta pintores conocidos. Publicó los resultados en su libro *Malerei aus Bereichen des Unbewussten. Künstler experimentieren unter* LSD [Pintura del ámbito de lo inconsciente. Artistas experimentan bajo el LSD]. Los experimentos con LSD permitieron ganar conocimientos novedosos y valiosos para la psicología y psicopatología de determinadas corrientes artísticas.

Los experimentos con LSD también dieron nuevos impulsos a la investigación de experiencias religiosas y místicas. Teólogos y filósofos discutían la cuestión de si las experiencias que a menudo aparecían en las sesiones de LSD eran auténticas, es decir, equiparables a las experiencias e iluminaciones místico-religiosas espontáneas.

Esta fase no científica, pero seria, de la investigación médica, fue pasando a principios de los años sesenta cada vez más a un segundo plano, cuando el LSD, en el curso de la ola de toxicomanía estadounidense, se difundió con velocidad epidémica como estupefaciente sensacional en todas las capas de la población. El rápido aumento del consumo de drogas, que se inició alrededor de veinte años atrás en Estados Unidos, no fue, sin embargo, una consecuencia del descubrimiento del LSD, según lo aseveraban a menudo observadores superficiales, sino que tiene profundas causas sociológicas. Son éstas: el materialismo, el alejamiento de la naturaleza a consecuencia de la industrialización y la vida urbana, la insuficiente satisfacción en la actividad profesional en un mundo del trabajo mecanizado y desalmado, el aburrimiento y la falta de objetivos en una sociedad de bienestar saturada, así como la falta de un motivo vital religioso, protector y coherente como concepción de mundo.

Los drogadictos consideraron que la aparición del LSD precisamente en aquel momento era una suerte de lance de fortuna; desde su perspectiva, la droga llegó justo a tiempo para ayudar al hombre que debe sufrir las condiciones actuales. No es casual que el LSD circulara como estupefaciente primeramente en Estados Unidos, el país en el que la industrialización, la tecnificación, incluso la agrícola, y la urbanización están más avanzadas. Son los mismos factores que llevaron al surgimiento y a la difusión del movimiento *hippie*, que se desarrolló al mismo tiempo que el del LSD; son inseparables uno de otro. Valdría la pena investigar hasta qué punto el consumo de drogas ha fomentado el movimiento *hippie* y viceversa.

El paso del LSD de la medicina y psiquiatría a la escena de las drogas fue iniciado e impulsado por publicaciones sobre sensacionales experimentos que seguramente se realizaron en clínicas psiquiátricas y en universidades, pero sobre los que luego no se informó en revistas especializadas, sino, con grandes titulares, en diarios y revistas de difusión general. Hubo periodistas que se prestaron a ser conejillos de Indias, como por ejemplo Sidney Katz, quien realizó un experimento con LSD en el Hospital de Saskatchewan, Canadá, bajo la supervisión de renombrados psiquiatras. Pero luego publicó sus experiencias, no en una revista médica, sino con fotos a todo color y fantasiosa minuciosidad en su revista *Mac Lean's Canada National Magazine,* bajo el título de «Mis doce horas de loco». La muy difundida revista alemana *Quick* publicó en su número 12 del 21 de marzo de 1954 un reportaje sensacionalista sobre «Un osado experimento científico» del pintor Wilfred Zeller, quien había ingerido «unas pocas gotas de ácido lisérgico» en la clínica psiquiátrica de la Universidad de Viena. De entre las numerosas publicaciones que hicieron una eficaz propaganda del LSD para legos, citemos por último un artículo amplio e ilustrado, publicado en la revista norteamericana *Look* de septiembre de 1959 con el título de «The curious story behind the new Cary Grant» [La extraña historia que hay detrás del nuevo Cary Grant], que debe haber contribuido singularmente a la difusión del consumo de LSD. En una renombrada clínica de California, al actor Cary Grant se le había administrado LSD en el marco de un tratamiento psicoterapéutico. Cary Grant informó a la periodista de *Look* que toda su vida había estado buscando la paz interior. El yoga, el hipnotismo y el misticismo, sin embargo, no le habían convertido en un hombre nuevo y seguro de sí mismo, aunque ahora, tras tres fracasos matrimoniales, creía que podría amar de verdad y hacer feliz a una mujer.

Sin embargo, lo que más contribuyó a la transformación del LSD de medicamento en estupefaciente fueron las actividades del Dr. Timothy Leary y de su entonces colega en la Universidad de Harvard, Cambridge (Estados Unidos), Dr. Richard Alpert. En un capítulo posterior hablaré más extensamente acerca del «apóstol del LSD» y cofundador del movimiento *hippie,* Leary, y sobre mi encuentro con él. En Estados Unidos también se publicaron libros en los que se informaba detalladamente acerca de los efectos fantásticos del LSD. Citemos aquí únicamente a dos de entre los más importan-

tes: *Exploring Inner Space* [Explorando el espacio interior], de
Jane Dunlap, y *My Self and I* [Yo y yo misma], de Constance
A. Newland. Pese a que en ambos casos el LSD se tomaba en
el marco de un tratamiento psiquiátrico, se trataba de libros
de divulgación que se convirtieron en *best sellers*. En su libro,
que la editorial elogiaba en los siguientes términos: el testimonio íntimo y franco del audaz experimento de una mujer con la más novedosa droga psiquiátrica, el LSD-25», Constance A. Newland relataba con íntima meticulosidad cómo se
había curado su frigidez. Es fácil imaginarse la cantidad de
personas que querían probar el remedio mágico en su propio cuerpo, después de semejantes confesiones. La opinión
errónea, fomentada por aquellos libros, de que bastaría con
ingerir LSD para provocar efectos y cambios mágicos en uno
mismo, llevó en poco tiempo a una amplia difusión de la
autoexperimentación con la nueva droga.

Desde luego, también se publicaron libros objetivos, es-
clarecedores, sobre el LSD y su problemática, como el excelente escrito del psiquiatra Dr. Sidney Cohen, *The Beyond
Within* [El más allá interior], en el que se remarcan claramente los peligros de un empleo irreflexivo. Mas no pudieron
contener la epidemia de LSD.

Como tales ensayos se realizaban a menudo sin conocer-
se el efecto profundo, inquietante e impredecible del LSD, y
sin vigilancia médica, no pocas veces terminaban mal. Con
el consumo creciente de LSD en el ámbito de las drogas, se
multiplicaron estos *horror trips*, experimentos con LSD que
conducían a estados de confusión y pánico, y que conlleva-
ban frecuentes desgracias y hasta crímenes.

El rápido incremento del consumo no medicinal del LSD
a comienzos de los años sesenta debe atribuirse en parte al
hecho de que las leyes sobre estupefacientes entonces vigen-
tes no incluían el LSD en la mayoría de los Estados. Por este

motivo, muchos drogadictos cambiaban otros estupefacientes por el LSD, una sustancia que todavía no era ilegal. Asimismo, en 1963 caducaron las últimas patentes de Sandoz para la fabricación de LSD, con lo cual quedaba eliminada otra traba para su producción ilegal.

Para nuestra empresa la difusión de LSD en la escena de las drogas implicó una sobrecarga de trabajo pesada e infecunda. Laboratorios estatales de verificación y autoridades sanitarias nos pedían datos sobre las propiedades químicas y farmacológicas del LSD, sobre su estabilidad y toxicidad, métodos de análisis para constatar su presencia en muestras de drogas incautadas y en el cuerpo humano, en la sangre y la orina. Se sumó, además, una voluminosa correspondencia relacionada con preguntas de todo el mundo sobre accidentes, intoxicaciones, actos criminales, etcétera, en el caso de abuso de LSD. Todo ello significó un sobretrabajo amplio, desagradable y no rentable, del que la dirección de Sandoz tomó displicente conocimiento. Así fue como un día el profesor Stoll, entonces director general de la empresa, me dijo con un tono de reproche: «Quisiera que usted nunca hubiera inventado el LSD».

En aquella época yo mismo solía dudar de si las valiosas cualidades farmacológicas y psíquicas del LSD compensarían sus peligros y los daños causados por su abuso. ¿Se convertiría el LSD en una bendición o en una maldición para la humanidad? Esto me lo preguntaba a menudo cuando me preocupaba por este hijo de mis desvelos. Mis otros preparados: Methergin, Dihydergot y Hydergin, no causaban tales dificultades. No son hijos problemáticos; no tienen propiedades extravagantes que conduzcan al abuso, y se han convertido felizmente en medicamentos valiosos.

Entre 1964 y 1966 la publicidad en torno al LSD alcanzó su punto culminante, en lo que se refiere tanto a descripciones entusiastas de fanáticos de las drogas y de *hippies* sobre la acción mágica del LSD, cuanto a informes sobre desgracias, colapsos psíquicos, acciones criminales, homicidios y suicidios bajo los efectos de LSD. Reinaba una verdadera histeria en torno al LSD.

Sandoz congela la entrega

En vista de esta situación, la dirección comercial de Sandoz se vio obligada a asumir una posición pública frente al problema del LSD y a dar a conocer las medidas tomadas al respecto. El comunicado de prensa del laboratorio, emitido en abril de 1966, rezaba así:

Hace pocos días la División Farmacéutica de Sandoz Inc. de Estados Unidos emitió un comunicado de prensa según el cual se congela de inmediato toda entrega ulterior de la dietilamida del ácido lisérgico, el llamado LSD-25, utilizado sobre todo con fines de investigación, así como del preparado psilocybina. Pero esta decisión no afecta sólo a Estados Unidos, sino que Sandoz la ha tomado también para todos los demás países, incluida Suiza. Pese a que jamás hemos comercializado el LSD-25, descubierto en nuestros laboratorios en 1943, ni la psilocybina, también aislada por primera vez en los Laboratorios Sandoz en 1958 a partir de una seta mexicana, las circunstancias especiales que han motivado nuestra medida exigen una explicación complementaria.

El LSD y la psilocybina son preparados del grupo de los llamados *phantastica* o sustancias alucinógenas, es decir, preparados que actúan ante todo sobre la percepción sensorial. Para la moderna investigación psiquiátrica y psico-farmacológica sobre todo el LSD tuvo una especial significación, porque ya en dosis mínimas provoca efectos psíquicos. Durante muchos años, Sandoz proporcionó gratuitamente este preparado y el menos activo psilocybina a investigadores calificados en laboratorios y clínicas en todo el mundo. Gracias a medidas de seguridad autoimpuestas y muy severas fue posible evitar un abuso de estas sustancias por parte de personas no competentes. Pero lamentablemente, en los últimos tiempos, sobre todo entre jóvenes de otros países, se ha vuelto notable un creciente abuso de drogas alucinógenas. El agravamiento de esta situación debe atribuirse, y no en última instancia, a que una avalancha de artículos en la prensa sensacionalista ha despertado entre el público lego a través de descripciones distorsionadas un interés insano por el LSD y otras sustancias alucinógenas. El hecho decisivo es, sin embargo, que recientemente ciertos productos de base para la fabricación de LSD se han vuelto asequibles para todos en el mercado de sustancias químicas, de modo que la producción también se ha vuelto posible para círculos irresponsables e interesados en el contrabando y el mercado negro de estas sustancias. Además, en 1963 caducó la última patente de Sandoz para el LSD. Pese a la seguridad de que gracias a nuestras medidas muy restrictivas no ingresó prácticamente nada de LSD y psilocybina fabricada por Sandoz en los canales del mercado negro, en vista del nuevo estado de cosas hemos llegado a la convicción de que no podemos seguir asumiendo la responsabilidad de la distribución y cesión de estas sustancias. Será obligación de las autoridades competentes adoptar medidas adecuadas para el control de la producción y distribución de sustancias alucinógenas, para asegurar que, por una parte, se preserven legítimos intereses de investigación y, por otra, se evite su empleo abusivo.

Durante un tiempo, quedó totalmente congelado el suministro de LSD y psilocybina por parte de nuestra empresa. Después de que la mayoría de los Estados hubieran promulgado severas normas sobre la tenencia, distribución y utilización de los alucinógenos, los médicos, las clínicas psiquiátricas y los institutos de investigación que presentaban una autorización especial de parte de las respectivas autoridades sanitarias para trabajar con estas sustancias, podían volver a ser abastecidos de LSD y psilocybina. En Estados Unidos fue el NIMH (National Institute of Mental Health) el que asumió la distribución de estas sustancias activas a organismos con la licencia correspondiente.

Pero todas estas medidas legales y administrativas tuvieron poca influencia sobre el consumo de LSD en el sector de los estupefacientes, y en cambio trabaron, y siguen trabando, la aplicación médico-psiquiátrica y la investigación de LSD en biología y neurología, porque muchos investigadores temen la guerra de papeles aneja a la autorización para el empleo de LSD. La mala reputación adquirida por el LSD −se llegó a designarla «droga de la locura» e «invento satánico− a consecuencia del abuso en la escena de las drogas y las consecuentes desgracias y crímenes es otro motivo más para que numerosos médicos no lo empleen en su práctica psiquiátrica.

En el curso de los últimos años se ha calmado el tráfago publicitario en torno al LSD, y ha disminuido también el consumo de LSD como estupefaciente, según puede concluirse de la menor frecuencia de noticias sobre accidentes y otros sucesos lamentables después de ingestiones de la droga. Con todo, la disminución en el número de incidentes podría no sólo darse a consecuencia de un retroceso en el consumo de LSD, sino que posiblemente pueda atribuirse también al hecho de que los consumidores del LSD, con el tiempo, están más al tanto de los especiales efectos y peligros del LSD y actúen, por ende, con mayor cautela. Lo seguro es que el LSD, que durante un tiempo pasó por ser el estupefaciente más importante del mundo occidental, sobre todo en Estados

Unidos, ha cedido ese papel dirigente a otras drogas como el hachís, la heroína y la anfetamina, las cuales generan toxicomanía y arruinan también la salud física. Sobre todo las dos últimas constituyen hoy día un preocupante problema sociológico y de salud pública.

6

Peligros de los ensayos no médicos con LSD

Mientras que la aplicación profesional de LSD en psiquia-tría no encierra prácticamente ningún riesgo, la ingestión de esta sustancia activa fuera del marco medicinal, sin una super-visión médica, es muy peligrosa. Estos peligros radican, por una parte, en circunstancias externas relacionadas con el con-sumo ilegal de drogas, y por otra, en la peculiaridad de los efectos psíquicos del LSD.

Los que abogan por un consumo no controlado, libre, de LSD y otros alucinógenos, fundamentan su postura en que este tipo de drogas no genera adicción, y en que con un consumo moderado hasta ahora no ha podido demostrarse que los alucinógenos hayan ocasionado perjuicios a la salud. Ambas afirmaciones son ciertas. Jamás ha podido observar-se que ni siquiera con un consumo frecuente y prolongado de LSD se generara una verdadera manía, que se caracteriza porque al quitarse la sustancia aparecen perturbaciones psí-quicas y a menudo también disfuncionamientos físicos gra-ves. No se conocen aún daños orgánicos ni casos fatales co-mo consecuencia directa de una intoxicación de LSD. Como se ha puntualizado en el capítulo «El LSD en la experimen-tación con animales y en la investigación biológica», el LSD es, en efecto, una sustancia relativamente poco tóxica en comparación con su efectividad psíquica extremadamente elevada.

Reacciones psicóticas

Pero el LSD, al igual que los demás alucinógenos, ofrece otro tipo de peligros. Mientras que en los estupefacientes que crean toxicomanía, en los opiáceos, las anfetaminas, etcétera, los perjuicios psíquicos y físicos aparecen sólo con su uso crónico, el LSD es peligroso en cada ensayo singular, pues pueden aparecer delirios graves. Estos incidentes pueden evitarse en gran medida con una preparación interna y externa adecuada de los experimentos, y nunca hay que excluir el factor seguridad. Las crisis de LSD semejan ataques psicóticos con carácter maníaco o depresivo.

En un estado maníaco, hiperactivo, el sentimiento de omnipotencia o de invulnerabilidad puede acarrear accidentes graves. Así ha sucedido cuando un embriagado se colocaba en su delirio delante de un automóvil en marcha por creerse invulnerable, o saltaba por la ventana pensando que podía volar. El número de tales accidentes de LSD no es tan grande como podría creerse por las noticias infladas por los medios de comunicación sensacionalistas. De todos modos, deben servir de advertencias serias.

En cambio no debe de ser cierto un informe que circuló en 1966 por todo el mundo, sobre un crimen cometido presuntamente bajo la influencia de LSD. El asesino, un joven neoyorquino, había asesinado a su suegra, y al ser detenido inmediatamente después del homicidio declaró no saber nada de nada; desde hacía tres días se encontraba en un viaje de LSD. Pero aun con la dosis más elevada un delirio de LSD no dura más de doce horas, y la ingestión habitual lleva a la tolerancia, es decir, que dosis ulteriores no son efectivas. Además, la embriaguez del lsd se caracteriza porque uno recuerda exactamente lo experimentado. Posiblemente el asesino esperaba que se le concedieran circunstancias atenuantes por enajenación mental.

El peligro de desencadenar una reacción psicótica es especialmente grande cuando se le suministra lsd a una persona sin su conocimiento. Eso lo mostró ya aquel incidente producido poco después del descubrimiento del lsd durante las primeras investigaciones de la nueva sustancia activa en la clínica psiquiátrica de la Universidad de Zúrich. Un médico joven, al que sus colegas le habían puesto, en son de broma, un poco de lsd en el café, quería nadar en pleno invierno, a veinte grados bajo cero, en el lago de Zúrich. Hubo que impedírselo por la fuerza. Hasta entonces no se tenía conciencia de la gravedad de semejantes bromas.

Una naturaleza distinta la presentan los peligros cuando el delirio desencadenado por el lsd no es de carácter maníaco, sino depresivo. En estos casos, las visiones aterradoras, el miedo mortal o el miedo a estar o volverse loco pueden llevar a peligrosos colapsos psíquicos y al suicidio. Aquí, el viaje de lsd se convierte en un *horror trip*, en un «mal viaje».

Causó especial sensación el caso de aquel Dr. Olson, a quien, a principios de los años cincuenta, en el marco de experimentos con drogas en el ejército de Estados Unidos, se le había suministrado lsd sin que él lo supiera, y que luego se suicidó saltando por la ventana. En aquel entonces a su familia le resultó inexplicable cómo este hombre tranquilo y equilibrado había podido cometer semejante acción. Sólo quince años más tarde, cuando se publicaron las cartas secretas sobre aquellos experimentos, la familia se enteró de las verdaderas circunstancias. El entonces presidente de Estados

Unidos, Gerald Ford, les expresó públicamente las condolencias de la nación.

Las condiciones para un curso positivo de un experimento con LSD, en el que la probabilidad de un descarrilamiento psicótico sea reducida, se hallan, por un lado, en el individuo y, por otro, en el marco externo del experimento. En el uso lingüístico inglés los factores internos, personales, se denominan *set*, y las circunstancias externas, *setting*.

La belleza de un cuarto o de un lugar al aire libre se vivencian con especial profundidad con la sensibilización que provoca el LSD, y contribuyen determinantemente al desenlace del experimento. Asimismo, forman parte del *setting* las personas presentes, su aspecto, sus rasgos de carácter. Igualmente significativo es el medio acústico. Unos ruidos en sí inocuos pueden convertirse en una tortura, y viceversa una bella música en una experiencia dichosa. En experimentos de LSD en un entorno desagradable o ruidoso es muy grande el peligro de un curso negativo de la experiencia, con posibilidad de crisis psicóticas. El mundo actual, con sus máquinas y aparatos, ofrece todo tipo de escenarios y ruidos que con una sensibilidad aumentada pueden muy bien generar el pánico.

Tan o más importante que el marco externo es el estado anímico del sujeto, su disposición en ese momento, su actitud ante la experiencia de las drogas y sus expectativas concomitantes. También pueden entrar en acción dichas o miedos inconscientes. El LSD tiende a intensificar el estado psíquico en que uno se encuentra. Un sentimiento de alegría puede crecer hasta la dicha suprema; una depresión puede ahondarse hasta la desesperación. Por consiguiente, el LSD es el recurso menos idóneo para ayudar a superar una fase depresiva. Tomar LSD en una situación perturbada, infeliz o incluso en un estado de angustia es peligroso, y crece la probabilidad de que el experimento termine con un colapso psíquico.

Hay que desaconsejar por completo los experimentos de LSD con personas que tengan una estructura de personalidad inestable y tendente a reacciones psicóticas. Aquí un *shock* de LSD puede generar un perjuicio anímico duradero al desencadenar una psicosis latente.

Debemos considerar también como inestable, en el sentido de no madurada, la vida anímica de personas muy jóvenes. En todos los casos, el *shock* de una corriente de sensaciones tan fuerte como la generada por el LSD hace peligrar un psico-organismo sensible y todavía en fase de desarrollo. Incluso en el caso de una aplicación médica de LSD en el marco de tratamientos psicoanalíticos o psicoterapéuticos en jóvenes menores de dieciocho años, los círculos profesionales han expresado sus prevenciones, a mi juicio justificadas. Entre los jóvenes suele faltar aún esa relación estable y firme con la realidad, necesaria para integrar la vivencia dramática de nuevas dimensiones de la realidad racionalmente en la imagen del mundo. En vez de llevar a una ampliación y profundización de la conciencia de realidad, aquella experiencia contribuirá más bien a una inseguridad y una sensación de estar perdido en los adolescentes. La frescura de las percepciones sensoriales y la capacidad aún irrestricta de experimentar cosas nuevas motivan que en la juventud las experiencias visionarias espontáneas sean mucho más frecuentes que en la edad madura, de modo que también por este motivo debería impedirse el empleo de estimulantes psíquicos entre los jóvenes.

Aun en personas adultas y sanas, y siguiéndose todas las medidas preparatorias y protectoras discutidas, un experimento con LSD puede malograrse y desencadenar reacciones psicóticas. Por eso debe recomendarse fervientemente una supervisión médica incluso en los experimentos no médicos. Ello incluye el chequeo previo. El médico no necesita estar presente durante la experiencia, pero debería contarse con la posibilidad de una rápida asistencia médica.

Las psicosis agudas de LSD pueden interrumpirse rápida y seguramente y controlarse mediante la inyección de cloropromazina u otro tranquilizante de este tipo.

La presencia de una persona de confianza, que pueda pedir auxilio médico en caso de necesidad, es una medida de seguridad incluso por motivos psicológicos. Pese a que la embriaguez de LSD se caracteriza en general por una inmersión en el mundo interior propio, de todos modos suele surgir, sobre todo en fases depresivas, una profunda necesidad de contacto humano.

El LSD en el mercado negro

Hay otro tipo de peligros en el consumo no medicinal de LSD. Nos referimos al hecho de que la mayor parte del LSD que se consume en la escena de las drogas es de origen desconocido. Los preparados de LSD del mercado negro son de poca confianza, tanto en lo que se refiere a la calidad como a su dosificación. Pocas veces contienen la cantidad declarada: en general tienen menos LSD, a veces nada, pero en ocasiones demasiado, y es frecuente que se vendan como LSD otras drogas o incluso materias tóxicas. Así lo pudimos comprobar en nuestro laboratorio al analizar un gran número de pruebas de LSD provenientes del mercado negro, coincidentes con las experiencias de las oficinas estatales de control.

La inseguridad de las indicaciones en el mercado negro de drogas puede llevar a sobredosis peligrosas.

A menudo han sido sobredosis la causa probada de experimentos malogrados, en los que se llegó a graves colapsos psíquicos y físicos. Pero jamás se han confirmado las noticias sobre presuntas intoxicaciones mortales con LSD. Los exámenes rigurosos de estos casos siempre han confirmado que las causas eran otras.

Un ejemplo de cuán peligroso puede ser el LSD del mercado negro es el caso siguiente. En 1970, la Brigada de Investigación Criminal de la ciudad de Basilea nos pidió que analizáramos un polvo de una droga que presuntamente era LSD. Provenía de un joven que había ingresado en el hospital con pronóstico reservado. Un amigo suyo que también había ingerido este preparado había muerto por los efectos del mismo. El resultado del análisis fue que el polvo no contenía LSD, sino estricnina, un alcaloide muy venenoso.

El motivo por el que los preparados de LSD del mercado negro en general contienen menos LSD que la cantidad indicada, y a menudo carecen de LSD, se debe —cuando no se trata de una falsificación intencional— a la facilidad con que esta sustancia se descompone. El LSD es muy alterable al aire y muy fotosensitivo. El oxígeno del aire lo destruye por oxidación; la incidencia de luz lo convierte en una sustancia no activa. Si ya la síntesis exige tenerlo en cuenta, tanto más la fabricación de preparados estables y almacenables. La afirmación de que el LSD es fácil de fabricar y de que todo estudiante de química en un laboratorio medianamente bien equipado esté en condiciones de sintetizarlo es falsa. Se han publicado instrucciones para la síntesis accesibles a cualquiera. Sobre la base de estas instrucciones detalladas, cualquier químico puede realizar la síntesis, con tal de disponer de ácido lisérgico puro, que antes se conseguía libremente en el mercado, pero que hoy día está sometido a las mismas normas legales que el LSD. Pero para aislar el LSD de una solución de reacción de forma pura, cristalizada, y fabricar preparados estables se necesitan —a causa de la mencionada descomponibilidad de esta sustancia— instalaciones especiales y una experiencia que no es fácil de adquirir.

El LSD sólo es conservable indefinidamente en ampollas del todo exentas de oxígeno y protegidas de la luz. Este tipo de ampollas, que contienen 0,1 miligramos de LSD en forma de tartrato en un centímetro cúbico de solución acuosa, es producida por la empresa Sandoz para la investigación biológica y la aplicación medicinal. El LSD en comprimidos preparados con las correspondientes sustancias de repleción que lo protegen contra la oxidación tiene una estabilidad, aunque no indefinida, sí más duradera. En cambio, los preparados de LSD que suelen ofrecerse en el mercado negro —por ejemplo, el LSD diseminado en cuadradillos de *azúcar* o en papel secante— se descomponen en el curso de semanas o de pocos meses.

En una sustancia tan activa, la dosificación correcta tiene máxima importancia. Aquí tiene especial vigencia el lema de Paracelso de que es la dosis la que determina que una sustancia sea un remedio o un veneno. Pero en los preparados del mercado negro, cuyo contenido de sustancia activa no está asegurado de ninguna manera, esa dosificación acertada es imposible de lograr. Por lo tanto, uno de los mayores peligros de los ensayos no medicinales de LSD reside en la aplicación de tales preparados de procedencia desconocida.

7

El caso del Dr. Leary

La difusión del consumo ilegal de LSD en Estados Unidos cobró un especial vigor a consecuencia de las actividades del Dr. Timothy Leary, conocido mundialmente como el «apóstol de las drogas». En 1960, durante unas vacaciones en México, Leary probó las legendarias «setas sagradas» que le había comprado a un curandero. En la embriaguez de las setas llegó a un estado de éxtasis místico, al que designó como la experiencia religiosa más profunda de su vida. A partir de aquel momento el Dr. Leary, que era aún profesor adjunto de psicología en la famosa Universidad de Harvard en Cambridge (Estados Unidos), se dedicó por completo a la investigación del efecto y de las posibilidades de aplicación de las drogas psicodélicas. Junto con su colega el Dr. Richard Alpert comenzó a llevar a cabo en la universidad diversos proyectos de estudio en los que empleó LSD y psilocybina, la sustancia activa de las «setas sagradas» mexicanas que nosotros entre tanto habíamos aislado.

Con una metodología científica se examinaron la reintegración social de presidiarios y la generación de experiencias religioso-místicas de teólogos y sacerdotes, así como el fomento de la creatividad de artistas y escritores mediante LSD y psilocybina. En estas investigaciones participaron también

de vez en cuando personalidades como Aldous Huxley,
Arthur Koestler y Allen Ginsberg. Se concedió especial importancia a la cuestión de en qué medida la preparación anímica y las expectativas del analizado, además del marco externo del experimento, pueden influir sobre el rumbo y el
carácter del estado de embriaguez psicodélica.

En enero de 1963, Leary me envió un informe exhausti-
vo sobre estos estudios, en los que transmitía con palabras de
entusiasmo los resultados positivos obtenidos y expresaba su
creencia en la utilidad y las prometedoras posibilidades de estas sustancias activas. A la vez, la empresa Sandoz recibió un
pedido de envío de 100 g de LSD-25 y de 25 kg de psilocybina, firmado por el Dr. Timothy Leary como responsable
del Departamento de Relaciones Sociales de la Universidad
de Harvard. La demanda de cantidades tan enormes (que
corresponden a un millón de dosis de LSD y a 2,5 millones
de dosis de psilocybina) se justificaba con la planeada exten-
sión de las investigaciones a estudios de los tejidos, órganos y
animales. Hicimos depender el envío de esas sustancias de la
presentación de una licencia de importación de parte de las
autoridades sanitarias de Estados Unidos. A vuelta de correo
obtuvimos el pedido de envío por las mencionadas cantidades de LSD y psilocybina junto con un cheque de diez mil
dólares como primer pago…, pero sin la licencia de importación demandada. Este pedido Leary ya no lo firmaba como
integrante de la Universidad de Harvard, sino como presidente de una organización nueva fundada por él mismo, la
IFIF (International Federation for Internal Freedom). Cuando, además, nuestra consulta con el decano correspondiente
de la Universidad de Harvard dio por resultado que las autoridades universitarias no autorizaban la prosecución de los
proyectos de investigación de Leary y Alpert, anulamos nuestra oferta y retornamos los diez mil dólares.

Poco después, Leary y Alpert fueron exonerados del cuerpo docente de la Universidad de Harvard porque las investigaciones, que al comienzo se habían desarrollado dentro de un marco científico, habían perdido ese carácter. Las series de tests se habían transformado en *parties* de LSD. Cada vez más estudiantes se afanaban por ser voluntarios en estos experimentos, que se convirtieron en una juerga universitaria: el LSD como billete para un viaje emocionante a nuevos mundos de la experiencia anímica y física. El *trip* de LSD se convirtió, entre la juventud universitaria, en la moda más emocionante y novedosa, y ésta se extendió rápidamente desde Harvard a las demás universidades del país. Sin duda contribuyó decisivamente a esta difusión la doctrina de Leary de que el LSD no sólo sirve para hallar lo divino y descubrirse a sí mismo, sino que es además el más potente afrodisíaco que la humanidad haya conocido. En una posterior entrevista concedida a la revista *Playboy*, Leary declaraba que la intensificación de la vivencia sexual y del orgasmo mediante el LSD habría sido uno de los motivos principales del *boom* del LSD.

Después de su exoneración de la Universidad de Harvard, Leary se transformó por completo de profesor de psicología en mesías del movimiento psicodélico. Él y sus amigos del IFIF fundaron un centro de investigación psicodélica en medio de un paisaje hermoso en Zihuatanejo (México). Yo mismo recibí una invitación personal del Dr. Leary para participar en un curso de planificación *top level* de drogas psicodélicas, que debía iniciarse allí en agosto de 1963. Me habría gustado aceptar esta generosa invitación, que incluía viáticos y alojamiento gratuito, para conocer con mis propios ojos los métodos, el funcionamiento y el ambiente de un centro de investigación psicodélica de esa índole, sobre el cual ya en aquel entonces circulaban unos informes contradictorios y en parte muy extraños. Lamentablemente mis compromisos laborales me impidieron viajar a México.

El centro de investigación de Zihuatanejo no tuvo larga vida. El gobierno mexicano desterró a Leary y a sus seguidores. Sin embargo, Leary, que ahora no era sólo el mesías, sino además el mártir del movimiento psicodélico, recibió pronto la ayuda del joven millonario neoyorquino William Hitchcock, quien puso a su disposición una mansión señorial en su gran propiedad rural en Millbrook (Nueva York) para que fuera el nuevo hogar y cuartel general del ex profesor. Millbrook fue también la sede de una fundación para un modo de vida psicodélico trascendente: la *Castalia-Foundation*.

En un viaje a la India, Leary se convirtió en 1965 al hinduismo. Al año siguiente fundó una comunidad religiosa, la *League for Spiritual Discovery*, cuyas iniciales son la abreviatura LSD.

El llamamiento de Leary a la juventud, que resumió en su famoso lema *turn on-tune in-drop out!*,* se convirtió en un dogma central del movimiento *hippie*. Leary es uno de los padres fundadores del culto *hippie*. Sobre todo el último de estos tres mandamientos, el *drop out,* la incitación a abandonar la vida burguesa, volverle la espalda a la sociedad, renunciar a la escuela, al estudio, a la profesión, y dedicarse por completo al universo interior, al estudio del sistema nervioso, después de haberse entrenado con LSD... Esta exhortación superaba los ámbitos psicológico y religioso, y tenía una significación social y política. Resulta pues comprensible que Leary no sólo se convirtiera en un *enfant terrible* de las universidades y de sus colegas académicos de la psicología y psi-

---

* ¡Encendeos, sintonizaos por dentro y dejarlo todo! [En inglés en el original.]

quiatría, sino que también provocara la irritación de las autoridades políticas. Por eso lo vigiló la policía; luego fue perse-
guido y finalmente encarcelado. Las severas penas —diez años
de prisión impuestos por un tribunal texano y otros diez por
uno mexicano por tenencia de LSD y marihuana, y la condena de treinta años (luego anulada) por contrabando de marihuana— muestran que el castigo de estas faltas era sólo un
pretexto para poner a buen recaudo a un seductor y amoti-
nador de la juventud a quien no podía perseguirse de otro
modo. En la noche del 13 al 14 de septiembre de 1970 Leary
logró huir de la, cárcel californiana de San Luis Obispo.
Pasando por Argelia, donde contactó con Eldridge Cleaver,
uno de los dirigentes del movimiento *Black Panthers* que vivía allí en el exilio, Leary llegó a Suiza, en donde solicitó asi-
lo político.

Encuentro con Timothy Leary

Leary vivía con su esposa Rosemary en Villars-sur-Ollon,
un lugar de veraneo en el Valais. Por mediación del Dr. Mas-
tronardi, el abogado del Dr. Leary, se arregló un encuentro
conmigo. El 3 de septiembre de 1971 me encontré con él
en el bar de la estación ferroviaria de Lausanne. El saludo,
bajo el signo de la comunidad de destino debida al LSD, fue
cordial. De mediana estatura, delgado, flexible, vivaz, la cara
enmarcada por cabello castaño, entrecano, levemente ondu-
lado, de aspecto juvenil, con ojos claros y sonrientes…, Leary
parecía más bien un campeón de tenis que un antiguo docente de Harvard. Viajamos en coche a Buchillons, donde en
el comedor del restaurante *A la Grande Forêt,* con pescado y
una botella de vino blanco, se inició el diálogo entre el padre y el apóstol del LSD.

Le dije que lamentaba que las promisorias investigaciones con LSD y psilocybina en la Universidad de Harvard hubieran tomado un rumbo que hacía imposible su prosecución en el marco académico.

El reproche más serio que formulé a Leary se refirió, sin embargo, a la propagación del LSD entre los jóvenes. Leary no intentó refutar mis opiniones acerca de los peligros especiales del LSD para la juventud. Con todo, opinó que mi reproche de haber seducido a personas inmaduras al consumo de drogas no estaba justificado porque los *teenager* estadounidenses se podrían equiparar a europeos adultos en lo que respecta a información y experiencia vital exterior. Alcanzarían muy tempranamente un estado de madurez, pero también un simultáneo estado de saturación y de estancamiento espiritual. Por eso consideraba que la experiencia de LSD también tenía sentido y era útil y enriquecedora para esas personas relativamente jóvenes.

En esta conversación también critiqué a Leary la gran publicidad que daba a sus experimentos con LSD y psilocybina al invitar a periodistas de diarios y revistas, radios y televisiones para que informaran al gran público. Lo que allí importaba no era tanto la información objetiva, sino el éxito publicitario. Leary defendió esta exagerada actividad publicitaria argumentando que era su papel providencial hacer conocer el LSD en todo el mundo. Ello habría tenido efectos tan positivos, sobre todo en la generación joven de la sociedad norteamericana, que no debían tenerse en cuenta los pequeños perjuicios y los lamentables incidentes causados por un empleo equivocado del LSD.

En esta conversación pude comprobar que se es injusto si se califica a Leary como un simple apóstol de las drogas. Leary distinguía con total claridad las drogas psicodélicas —LSD, psilocybina, mescalina, hachís—, de cuyos efectos beneficiosos estaba convencido, de los estupefacientes conducentes a la toxicomanía: morfina, heroína, etcétera, y alertaba repetidamente contra el uso de estos últimos.

Este encuentro personal con Leary me dejó la impresión de una personalidad afable, convencida de su misión, que defiende sus opiniones a veces bromeando, pero sin transigir y que, transustanciado por la fe en los efectos mágicos de las drogas psicodélicas y del optimismo resultante, navega entre nubes y tiende a subestimar o incluso a no ver las dificultades prácticas, los hechos desagradables y los peligros. Esta despreocupación Leary también la evidenciaba frente a las acusaciones y peligros que afectaban a su propia persona, como lo muestra patentemente su vida en los años siguientes.

Durante su estancia en Suiza volví a ver a Leary casualmente en febrero de 1972 en Basilea, con motivo de una visita a la casa de Michael Horowitz, el curador de la *Fitz Hugh Ludlow Memorial Library*, una biblioteca de Chicago especializada en literatura sobre drogas. Viajamos juntos a mi casa en el campo, donde proseguimos nuestra conversación de septiembre. Leary parecía haber cambiado. Se mostraba inquieto y distraído, de modo que en esta oportunidad no se dio un diálogo productivo. Éste fue mi último encuentro con el Dr. Leary.

Abandonó Suiza a finales de año con su nuevo amor, Joanna Harcourt-Smith, tras haberse separado de su esposa Rosemary. Después de una breve estancia en Austria, donde Leary participó en una película esclarecedora sobre la heroína, Leary siguió viaje con su amante a Afganistán. En el aeropuerto de Kabul fue detenido por agentes del servicio secreto norteamericano y llevado de nuevo a California a la cárcel de San Luis Obispo.

Después de un cierto tiempo en el que ya no se hablaba de Leary, reapareció su nombre en los diarios en el verano de

1975. Leary habría conseguido que lo pusieran en libertad antes de tiempo. Pero fue liberado sólo en la primavera de 1976. Sus amigos me contaron que estaba ocupándose ahora en problemas psicológicos de la navegación espacial y en la investigación de las correspondencias cósmicas del sistema nervioso humano en el espacio interestelar, es decir, en problemas cuyo estudio seguramente ya no le acarrearía problemas con las autoridades.

8

Viajes al cosmos del alma

De este modo tituló el estudioso del Islam Dr. Rudolf
Gelpke su informe sobre sus autoensayos con LSD y psilocybina, publicado en la revista *Antaios* (cuaderno de enero de
1962), y así también podrían designarse las siguientes descripciones de experiencias con LSD. La expresión está bien
elegida, porque el espacio interior del alma es igual de infinito y enigmático que el espacio cósmico exterior, y porque
tanto los cosmonautas del espacio exterior como los del
interior no pueden permanecer allí, sino que tienen que regresar a la Tierra, a la conciencia cotidiana. Además, ambos
viajes exigen una buena preparación para que puedan desarrollarse con un mínimo de peligro y convertirse en una empresa realmente enriquecedora.

Los informes siguientes pretenden mostrar cuán distintas
pueden ser las experiencias de la embriaguez provocada por
el LSD. La selección de los informes también estuvo determinada por la motivación que guiaba los ensayos. Se trata en todos los casos de informes de personas que no probaron el LSD
simplemente por curiosidad o como estimulante extraño,
sino que experimentaron con LSD porque buscaban posibilidades de ensanchar las vivencias del mundo interior y exterior, de abrir con esta droga–llave nuevas «puertas de percep-

ción» (William Blake, *Doors of perception*), o, si conservamos el símil de Gelpke, de superar el espacio y el tiempo y llegar así a nuevas perspectivas y conocimientos en el cosmos del alma.

Los dos primeros protocolos de experimentos que se publican a continuación están extraídos del informe de Rudolf Gelpke citado al comienzo del capítulo:

Danza de las almas al viento (0,075 mg de LSD, 23 de junio de 1961, 13.00 horas).

Después de haber ingerido esta dosis, que puede considerarse una dosis media, charlé muy animadamente hasta las 14 horas con un colega. Después me dirigí solo a la librería Werthmüller (de Basilea), donde la droga comenzó a actuar con toda claridad. Lo percibí sobre todo porque dejaba de interesarme el contenido de los libros que revolvía tranquilamente en el fondo de la tienda, mientras que se ponían de relieve detalles casuales que parecían adquirir especial significación [...]. Después de apenas diez minutos me topé con una pareja amiga y tuve que dejarme arrastrar a una conversación, lo cual no me resultaba nada agradable, pero tampoco verdaderamente molesto. Escuchaba la conversación (y también a mí mismo) «como de lejos». Las cosas de las que se hablaba (se trataba de cuentos persas que había traducido) «pertenecían a otro mundo»: a un mundo sobre el que podía opinar (¡puesto que hasta poco tiempo antes lo había habitado yo mismo y recordaba sus «reglas de juego»!), pero con el que ya no estaba relacionado en el terreno de los sentimientos.

Mi interés por ese mundo se había extinguido..., pero no podía dejar traslucirlo.

Después de que hube logrado despedirme seguí callejeando hasta la plaza del mercado. No tenía «visiones»; veía y oía todo como de costumbre, y sin embargo todo había cambiado de un modo inexplicable: había «paredes invisibles de vidrio» por todas partes. A cada paso que daba me comportaba más como un autómata. Sobre todo me llamaba la atención el hecho de que parecía estar perdiendo más y más el dominio de mis músculos faciales; estaba convencido de que mi rostro carecía de toda expresión y de que estaba vacío, laxo y rígido como una máscara. Sólo podía seguir caminando y moviéndome porque recordaba qué y cómo lo había hecho «en otros tiempos». Pero a medida que el recuerdo se alejaba, me volvía cada vez más inseguro. Recuerdo que de algún modo me estorbaban mis propias manos: las metía en los bolsillos, las dejaba bambolearse, las cruzaba en la espalda... como objetos molestos que uno tiene que llevar consigo y no sabe bien dónde colocarlos. Así me sucedía con todo mi cuerpo. Ya no sabía para qué servía ni qué hacer con él. Había perdido toda capacidad de decisión; tenía que reconstruir las decisiones trabajosamente por el rodeo del «recuerdo de cómo lo hacía antes». Así me sucedió también con el breve camino desde la plaza del mercado hasta mi casa, adonde llegué a las 15.10 horas.

Hasta ese momento no había tenido la sensación de estar embriagado ni mucho menos. Lo que experimentaba era más bien una paulatina extinción espiritual. No tiene nada de terrible; pero puedo imaginarme que en la fase de transición de ciertas enfermedades mentales —claro que distribuido a lo largo de períodos más prolongados— ocurre un proceso parecido: mientras siga habiendo un recuerdo de la anterior existencia propia en el mundo humano, el enfermo que ha perdido los puntos de contacto con ese mundo aún puede orientarse (mal o bien) en el mismo; pero luego, cuando los recuerdos se van desvaneciendo y finalmente desaparecen, aquél pierde esa capacidad por completo.

Poco después de haber entrado en mi habitación, la «insensibilidad vidriosa» desapareció. Me senté mirando una ventana y quedé fascinado de inmediato: las hojas de la ventana estaban abiertas de par en par, mientras que las cortinas de tul transparentes estaban cerradas, y ahora una suave brisa jugueteaba con esos velos y con las siluetas de las plantas de las macetas y las enredaderas en la cornisa; la luz del sol dibujaba esas figuras en las cortinas ondulantes. Este espectáculo me cautivó por entero. Me «hundí» en él, y ya no veía más que ese suave e incesante ondear y mecerse de las sombras de las plantas en el sol y el viento. Sabía «de qué» se trataba, pero le busqué un nombre, una fórmula, la «palabra mágica» que yo conocía —y la encontré: *Danza de la muerte. Danza de las almas*... Esto era lo que me mostraban el viento y la luz en el velo de tul. ¿Era terrible? ¿Tenía yo miedo? Quizás... al comienzo. Pero luego me invadió una gran placidez, y oí la música del silencio, y también mi alma bailaba con las sombras redimidas al son de la flauta del viento. Sí, ya comprendía: ésta es la cortina y ella misma, esta cortina, *es* ese arcano, eso «último» que esconde. ¿Por qué, entonces, desgarrarla? Quien lo hace, sólo se desgarra a sí mismo. Porque «detrás», detrás de la cortina, no hay «nada»...

Pólipo de la profundidad (0,150 mg de lsd, 15 de abril de 1961, 9.15 horas).

Los efectos comienzan después de unos treinta minutos: fuerte excitación, temblor en las manos, escalofríos en la piel, gusto a metal en el paladar.

10.00: El entorno de la habitación se transforma en ondas fosforescentes, que parten de mis pies y recorren también mi cuerpo. La piel —y sobre todo los dedos de los pies— están como eléctricamente cargados; una excitación aún creciente sin cesar impide todo pensamiento claro...

10.20: No hallo palabras para describir mi estado actual. Es como si «otro», una persona totalmente ajena a mí, se apoderara de mí parte por parte. Tengo enormes dificultades para escribir (¿estoy «reprimido» o «deprimido»? ¡No lo sé!).

Este proceso inquietante de una creciente autoalienación me causaba un sentimiento de impotencia, de estar desvalido sin remedio. Hacia las 10.30 horas vi con los ojos cerrados innumerables hilos que se entrelazaban sobre un fondo rojo. Un cielo plomizo parecía oprimir todas las cosas; yo mismo sentía mi ego comprimido dentro de sí y me parecía ser un enano apergaminado [...]. Poco antes de las 13 horas huí de la compañía de nuestro *atelier,* con su atmósfera cada vez más opримente, en la que no hacíamos más que impedirnos mutuamente el desarrollo pleno de nuestra embriaguez. Me senté en el suelo de un pequeño cuarto vacío, con la espalda apoyada en la pared; a través de la única ventana, enfrente de mí, veía una porción de cielo nuboso gris-blanco. Esto, como en general todo lo que me rodeaba en ese momento, me parecía desconsoladoramente normal. Estaba deprimido y me sentía tan feo y odioso que no habría osado (como efectivamente lo evité por la fuerza varias veces aquel día) mirarme en un espejo u observar el rostro de otra persona. Anhelaba que esta embriaguez finalizara de una vez por todas, pero todavía tenía todo mi cuerpo en su poder. Creí sentir muy dentro de mí su pesada carga, y cómo rodeaba mis miembros con cien tentáculos de pólipo... sí, verdaderamente experimentaba este contacto que me electrizaba con un ritmo misterioso como el de un ser real, invisible, pero trágicamente omnipresente, al que le hablaba en voz alta, le insultaba, le rogaba y le desafiaba a un combate cuerpo a cuerpo... «No es más que la proyección de lo malo dentro de ti», me aseguraba otra voz, «es el monstruo de tu alma». Este reconocimiento fue como el destello de una espada. Me atravesó con un filo redentor. Los brazos del pólipo me soltaron —como cortados— y simultáneamente el gris del cielo, que hasta ahora había sido tan lúgubre y opaco, refulgía a través de la ventana abierta como agua iluminada por el sol. Cuando le miré tan fascinado, se convirtió (para mí) en agua verdadera: se me ocurrió que era una fuente subterránea que de pronto había estallado y que ahora rebullía hacia mí; una fuente que quería convertirse en un río, un lago, un mar, con millones y millones de gotas; y en cada una de estas gotas estaba bailoteando la luz [...]. Cuando el cuarto, la ventana y el cielo habían vuelto a mi conciencia (eran las 13.25 horas), la embriaguez todavía no había terminado, pero sus secuelas, que me duraron dos horas, se parecieron mucho al arco iris que sigue a la tormenta.

El hecho de sentir que el medio en el que uno se encuentra se vuelve extraño, del mismo modo que el propio cuerpo, así como la sensación de que un ser extraño, un demonio, se apodere de uno, descritos por Gelpke en los dos experimentos anteriores, son ambos característicos de la embriaguez del LSD. Por grandes que sean las diferencias y variantes de la experiencia del LSD, aquéllos se citan en la mayor parte de los protocolos de experimentos. Ya en mi primer auto-ensayo, como se pudo leer, describí la toma de posesión por parte del demonio del LSD como una experiencia inquietante. En aquel experimento mi miedo y terror fueron especialmente intensos porque todavía no existía la experiencia de que el demonio finalmente suelta a sus víctimas.

El baile de las garzas

Erwin Jaeckle publicó en 1969 un significativo autoensayo con LSD en una edición particular cuidadosamente presentada: *Schicksalsrune in Orakel, Traum und Trance* [Runa del destino en el oráculo, el sueño y el trance]. Este ensayo se realizó el 2 de diciembre de 1966; fue supervisado por Rudolf Gelpke, quien levantó un protocolo textual. Luego, Jaeckle lo describió y comentó a partir de lo que recordaba:

Como creía vivir dentro del círculo mágico, inicié el experimento con desenfadada naturalidad. No lo temía. Pero desconfiaba de mi propia persona, conocía mis imprevisibles estallidos y catástrofes y temía, por tanto, a ese otro dentro de mí, tenía recelos a encontrarme con él. Por eso le di las llaves de mi coche a mi mentor y estaba dispuesto a echarle el cerrojo a mi colección de espadas japonesas.

Dos horas después del ingreso en el dominio común, una hora después del comienzo del ensayo, se incrementó mi cansancio a medida que iba distendiéndome. Sólo cambiaba la voz. Me parecía ronca, sin resonancia, como las voces en un paisaje nevado. Esto pasó. El pulso estaba ligeramente acelerado. Dos horas después del inicio del experimento se redujo a 64 pulsaciones. Ahora me sentía más liviano, casi sin peso, y podría haber escalado sin problemas la escarpada cuesta del castillo de la ciudad. También entre las paredes se caminaba verdaderamente ingrávido. Las sombras en los rincones y debajo de la lámpara se volvieron de color azul humo. La carne estaba flotando, ingrávida, el cuerpo lleno de poros era ubicuo, ya no era cuerpo, ni aquí ni allí. El salón de fiestas del señor de pendón y caldera[3] comienza a respirar aquí y allá. Las cosas respiran. Hacia donde miraba con voluntad, el objeto se tornaba cotidiano y sin participación, pero contra los contornos del campo visual las cosas respiraban cada una como movidas en ondas el aliento *único* que las abrazaba a todas ellas. Los colores florecieron, se volvieron más íntimos, elevados, y el gran cuadro mural del arca adquirió tridimensionalidad. Podría haberme deshecho dentro de él. Pero no tenía necesidades. Acostado boca arriba, no veía ningún motivo para moverme. Se desmintieron todos los temores. Estaba conforme conmigo, quería simplemente estar sin intención alguna. Muy abiertos como estaban mis sentidos, me revelaban que cada cosa contiene una letra de acróstico de la única buena sabiduría universal, y que lo que, por tanto, debía hacerse era encontrarlo y erigirlo en muchas, en todas las cosas de la unidad del

3. El cuarto de la antigua casa *Zur schwarzen Tulpe* («El tulipán negro»), en Stein-am-Rhein, en el que tuvo lugar el experimento.

poema universal. Esto lo experimenté como un sentimiento de amor unitivo. No era pensado. De esta índole debe de haber sido también el sentido de la divisa que había formulado poco tiempo ha en latín y en forma de acróstico, relativa a un aforismo alemán de la «Pequeña Escuela del Hablar y el Callar»: *amor maximus amor rei est*. Le llamé la atención al respecto a mi acompañante, se lo hice apuntar, porque quería incluirlo. Así él participaba del acróstico universal. Busqué su letra. Tenía que hacerlo efectivo. Eso excluye el odio. El odio limita. Mi experiencia era ilimitada. En esta etapa del ensayo busqué la palabra correcta; pero la palabra exacta no incluía, excluía, y la inexacta se volvía banal. Las vivencias del ensayo sólo podía formularlas en alto alemán. Por eso me movía a todas horas dentro del ámbito de la lengua escrita. Examiné mis hallazgos. Estaba desilusionado cuando las definiciones fracasaban; lo intentaba de nuevo, apasionadamente, recomenzando una y otra vez, saltando con gritos socarrones, girando, riendo, porque lo sabía pero no hallaba la palabra. La risa testimoniaba el acuerdo con la inteligencia. Este acuerdo era completamente modesto. Sabía que no vale la pena levantar la mano. Al contrario: el ocio estaba más cerca de la sabiduría, pues la voluntad ensombrece la inteligencia. Se le ilumina a quien no tiene voluntad. Me sorprendí en el hecho de que la pasión por las palabras parecía contradecir lo anterior. Pero la palabra buscada carecía *de* toda intención. Debía estar ahí, no actuar. No había embriaguez, sino lúcido automatismo de las fuerzas mentales. Éstas estaban en los poros, no en el cerebro. Luego supe que el acróstico universal se constituirá sólo en muchos, en todos los poemas. Prometí realizar también en el futuro la excursión infinita hacia la palabra. Se trata del Eros del egocentrismo. Estaba seguro de mis fuerzas en el futuro, aunque me doliera el plexo solar. Me dolía. No estaba acostado, no sentía el lecho, me aseguraba con las manos del basto cielorraso, gozaba con su superficie, comprendía la cosa con los dedos, la construía con los sentidos aguzados.

Luego llegaron las garzas al artesonado color oro de miel. Balanceándose como flores. Dos de ellas. Una me miraba, me observaba. La miré detenidamente. Veía la huella de la rama en la madera. Pero la mirada continuó. Las garzas tenían su florida conversación danzante. En silencio. Las comprendía. Todo era comprensión. También ellas participaban del ritmo universal fluyente, estaban comprendidas en él fluctuando a modo de algas. Les sonreí, le confirmé a mi mentor que sabía de su realidad ficticia, pero les guiñaba un ojo. De todos modos, ¿cuáles son las realidades? Carente de necesidades como estaba, la pregunta quedó sin contestarse. Sólo contaba la armonía. La armonía con las garzas, cuyos picos en alto se tocaban sublimes, y la armonía con la voz tranquila e interesada de mi acompañante, en la que yo también estaba encerrado cuando se me acercaba. Bajo la creciente armonía el color dorado del techo de madera fulguraba íntimo, pero supraterrenal como el sol. Cuando la luz se desplomaba, el cuarto volvía a acercarse, casi hostil, frío, pero yo permanecía dispuesto a volar. Cuando el cielorraso volvía a florecer, yo sabía la palabra que había estado buscando. No la decía, porque la había comido. Estaba en el pulso, en el aliento, en el aliento de las cosas en la periferia del campo visual, y no era más que un gran ritmo. Lo definí en contradicción con cualquier metro. Una y otra vez salían brillantes los colores del fresco del arca y se difundían en el cuarto, se extinguían, se convertían en cuadro. Corpóreos, eran de otra realidad. Los colores tenían dimensiones. Los bordes eran transparentes. El descenso fue infinitamente plano, retenido por breves subidas, descendía cayendo. Ascenso y caída eran luminosamente verdaderos, relumbrantes, se extinguían. El artesonado comenzó a combarse. Los cuadrados estaban ahora limitados por arcos, un maravilloso panal referido uniformemente al centro de una esfera que estaba debajo de mí. Mi peso era igual a la succión de la luz. Por lo tanto, yo era ingrávido.

Si al comienzo del ensayo miraba una hoja blanca, se volvía azul de niebla matinal, luego rojo de alborada. Al final y dominantemente color malva. Pero ahora todo el universo resplandecía íntimamente dorado de miel. Era el cielorraso. Pero el cielorraso no era. Este resplandor era de tipo supraterrenal, pero muy presente. Estaba.

Así llegué sin apearme. Aún durante el desayuno, durante la tarde, cuando viajé en coche a Schaffhausen y regresé a Stein am Rhein no me había apeado. Llegué bien.

Las experiencias del ascenso se repitieron especularmente en el descenso: la liviandad para caminar, la libertad para respirar, la ronquera de la voz. Pero los sentidos estaban depurados. Eso siguió. Sigue. El mundo es ahora distinto. Más colorido en la armonía. Tiene una dimensión más. Su plasticidad es acendrada.

Me puse contento porque no se presentaron las figuras de mis temidas amenazas. Fui un buen camarada para mí. Seguiré siendo un buen camarada para mí. El experimento me brinda una elevada autoafirmación. Me dio confianza, libertad y disposición. Me llevé a mí —a saber, al mejor— en el descenso, me entiendo con él, le sonrío porque hemos estado allí, porque estamos enlazados en el acróstico, lo llevamos con nosotros. No se trataba de perturbaciones de la conciencia, sino de la realización de la conciencia, de la comunidad universal, del aliento único al que pertenecemos. Por eso los ruidos eran exactos, nítidos. En su presencia peculiar anunciaban su testimonio de ubicuidad. Lo mismo hacían los colores. Cuando resplandecían significaban la luz que los llenaba, no el color. También el color. Ambos eran una misma cosa. Un triunfo de la seguridad más presente. Por eso yo conocía el curso exacto del tiempo, que estallaba una y otra vez en —intemporales— infinitudes. El tiempo tenía simultáneamente un paso extensivo y una infinitud intensiva. Por ello también los pensamientos saltaban aquí y allá. Pues allá y aquí estaban en el centro. Esto no puede perderse. Me pareció una circunstancia feliz el hecho de que todo el ensayo se desarrollara en un clima tan alegre. Pocas veces me he reído tanto y tan de corazón. Me reía toda vez que me sentía unido a las cosas, cuando sin palabras me sentía existir. Cada risa sostenía en su armonía toda la sabiduría universal. Rimaba con el acróstico, era *risa celestial*.

El informe del experimento de Erwin Jaeckle se caracteriza porque en su calidad de escritor y poeta logra expresar muchas alternativas de la experiencia del LSD que a la mayoría de los viajeros de LSD les parecen «inenarrables» o «indescriptibles». Su filosofía personal ingresa en sus imágenes del LSD, se hace visible en ellas. Este ensayo muestra también hasta qué punto la personalidad del experimentador coloca su impronta en la embriaguez de LSD.

La experiencia de LSD de un pintor

A un tipo de experiencias de LSD totalmente distintas pertenecen las experiencias que se describen en el siguiente informe perteneciente a un pintor. Vino a verme porque quería saber cómo había que asumir e interpretar lo vivido bajo los efectos del LSD. Temía que la profunda mudanza que se había dado en su vida a consecuencia de un experimento con LSD pudiera basarse en una mera ilusión. Mi explicación de que, en tanto agente bioquímico, el LSD sólo había desencadenado, pero no creado, sus visiones, y que éstas provenían de su fuero interno, le dio confianza en el sentido de su transformación.

[…] Viajé, pues, con Eva a un solitario valle de montaña. Allí arriba, en la naturaleza, debe de ser hermoso estar con Eva. Ella era joven y atractiva. Veinte años mayor que ella, me encontraba en el meridiano de mi vida. Pese a las diversas experiencias penosas que había sufrido hasta ese momento a consecuencia de algunas aventuras eróticas, pese al dolor y las decepciones que había inferido a los que me habían querido y creído en mí, me sentía atraído con una fuerza irresistible a esta aventura, a Eva, a su juventud. Estaba a merced de esta muchacha. Nuestra relación apenas estaba en sus inicios, pero sentía ya esos poderes seductores con más fuerza que en cualquier otra situación anterior. Sabía que no podría resistir mucho tiempo más. Por segunda vez en mi vida estaba dispuesto a abandonar a mi familia, renunciar a mi empleo y quemar todas las naves. Quería entregarme con desenfreno a esta embriaguez voluptuosa con Eva. Ella era la vida, la juventud. Una vez más, me decía una voz interior, una vez más beber la copa del goce y de la vida hasta la última gota, hasta la muerte y la destrucción. Y que después me llevara el diablo. Aunque hacía tiempo que había abolido a Dios y al diablo. Ellos eran para mí tan sólo inventos humanos utilizados por una minoría atea y sin escrúpulos para sojuzgar y explotar a una mayoría creyente e ingenua. No quería tener nada que ver con esa moral social mendaz. Quería gozar, gozar sin consideraciones —*et après nous le déluge** «Qué me importa mi mujer, qué me importa mi hijo – déjalos mendigar, si tienen hambre».** También la institución matrimonial me parecía una mentira social. El matrimonio de mis padres y los de mis conocidos me parecían confirmarlo de sobra. Seguían juntos porque era más cómodo; se habían acostumbrado a la idea, y: «si no fuera por los niños...». Bajo la cobertura de un buen matrimonio la gente se torturaba anímicamente hasta tener exantemas y úlceras, o cada cual seguía su propio camino. La idea de poder amar durante toda una vida a una sola mujer hacía revolverse todo dentro de mí. Me parecía directamente repugnante y antinatural. Ése era mi estado de ánimo aquella tarde funesta de verano a orillas del lago.

* Y después de mí el diluvio. [En francés en el original.] [N. del T.]
** Se trata de dos versos de un popular poema de Heinrich Heine. [N. del T.]

A las siete de la tarde ambos tomamos una dosis bastante fuerte de LSD, alrededor de 0,1 miligramos. Luego paseamos por la orilla del lago y nos sentamos a descansar. Tiramos piedras al agua y observamos las ondas que se formaban. Comenzamos a notar una leve intranquilidad. Hacia las ocho fuimos al restaurante y pedimos té y sandwiches. Había allí algunos comensales que se contaban chistes y se reían en voz alta. Nos guiñaban los ojos, que tenían un brillo extraño. Nos sentimos ajenos y lejanos y teníamos la impresión de que se nos notaría algo. Afuera estaba oscureciendo lentamente. Sin muchas ganas decidimos ir a nuestra habitación en el hotel. Una calle no iluminada llevaba a lo largo del negro lago hasta la alejada hospedería. Cuando abrí la luz, la escalera de granito por la que se iba de la calle hasta la casa parecía lanzar un destello con cada paso que dábamos. Eva se estremeció asustada. «Diabólico», se me cruzó por la cabeza, y de pronto el miedo se apoderó de mí, y yo lo supe: la cosa acabaría mal. A lo lejos, en el pueblo, un reloj daba las nueve.

Apenas llegados a nuestro cuarto, Eva se tiró en la cama y me miró con los ojos desorbitados. Hacer el amor, ni pensarlo. Me senté en el borde de la cama y sostuve con mis manos las de Eva.

Luego llegó el espanto: nos abismamos en un horror indescriptible que no entendíamos ninguno de los dos.

Mírame a los ojos, mírame —conjuraba a Eva—, pero una y otra vez su mirada me era arrebatada; luego ella gritó aterrorizada y tembló con todo su cuerpo. No había salida. Afuera había ahora noche cerrada y el lago profundo, negro. En la hospedería se habían apagado todas las luces: la gente debía de haberse ido a dormir. Qué nos habrían dicho. Tal vez habrían avisado a la policía, y entonces todo iba a ser peor. Un escándalo por drogas... pensamientos insoportablemente atormentadores.

Ya no podíamos movernos del lugar. Allí estábamos encerrados por cuatro paredes de madera, cuyas ensambladuras despedían un resplandor infernal. La situación era cada vez más insufrible. De pronto se abrió la puerta y entró «algo terrible». Eva gritó a voz en cuello y se ocultó debajo de la manta. Otro grito. El horror era aún mucho peor debajo de la manta. ¡Mírame a los ojos! –le grité, pero ella agitaba sus ojos de un lado al otro, como enloquecida–. Está enloqueciendo, pensé aterrorizado. En mi desesperación le así de los pelos, de modo que no pudiera apartar su cara de mí. En sus ojos vi una angustia terrible. Todo nuestro entorno era hostil y amenazador, como si nos quisiera asaltar en el instante siguiente. Tienes que proteger a Eva, tienes que hacerla llegar hasta la mañana, entonces el efecto cejará –me decía–. Pero luego volvía a hundirme en un espanto sin límites. No había ya ni razón ni tiempo; parecía que este estado no acabaría jamás.

Los objetos del cuarto se habían convertido en muecas vivientes; todo sonreía burlonamente.

Los zapatos de Eva, a rayas amarillas y negras, que me habían parecido tan excitantes, los vi arrastrarse por el piso como dos avispas grandes y malignas. El grifo del agua sobre la pila se convirtió en una cabeza de dragón, cuyos ojos me observaban malvados. Recordé mi nombre, Jorge, y de pronto me sentí un caballero que debía combatir por Eva.

Los gritos de ésta me apartaron de estos pensamientos. Se agarró de mí bañada en sudor y temblando. Tengo sed, suspiró. Con un gran esfuerzo, sin soltarle la mano, logré alcanzarle un vaso de agua. Pero el agua parecía viscosa y formaba hilos, era venenosa, y no pudimos calmar nuestra sed. Los dos veladores brillaban con un resplandor extraño, con una luz infernal. El reloj dio las doce.

Esto es el infierno, pensé. No deben de existir ni el diablo ni los demonios pequeños…, pero los sentíamos dentro de nosotros, llenaban el espacio y nos martirizaban con un espanto inimaginable. ¿Ilusión, o no? ¿Alucinaciones, proyecciones? Preguntas sin importancia frente a la realidad, la angustia dentro de nuestro cuerpo y que nos agitaba: la angustia, ella era lo único que había. Recordé algunos pasajes del libro *Las puertas de la percepción*, de Aldous Huxley, y me calmaron durante un instante. Miré a Eva, a ese ser lloriqueante, espantado, en su tormento, y sentí un hondo arrepentimiento y compasión. Se me había vuelto extraña; apenas la reconocía. Alrededor del cuello llevaba una fina cadena dorada con el medallón de María, madre de Dios. Era un regalo de su hermano menor. Sentí que de ese collar partía una radiación bondadosa y tranquilizadora, relacionada con el amor puro. Pero luego volvió a estallar el horror, como para nuestro aniquilamiento definitivo. Necesité toda mi fuerza para sostener a Eva. Delante de la puerta oía el fuerte y siniestro tictac del contador eléctrico, como si quisiera darme en el instante siguiente una noticia muy importante, mala, destructiva. De todos los rincones e intersticios volvió a salir burla, escarnio y maldad. De pronto, en medio de este suplicio, percibí a lo lejos el sonar de cencerros como una música maravillosa, alentadora. Pero pronto se hundieron en el silencio y volvieron a estallar la angustia y el terror. Del mismo modo que un náufrago espera el madero salvador deseé que las vacas se acercaran de nuevo a la casa. Pero todo siguió en silencio, y el tictac y el zumbido amenazador del contador revoloteaban alrededor de nosotros como un insecto invisible y maléfico.

Por fin amaneció. Con gran alivio comprobé que penetraba la luz a través de las persianas. Ahora podía dejar a Eva librada a sí misma; se había tranquilizado. Agotada, cerró los ojos y se durmió. Conmocionado y con una profunda tristeza, yo seguía sentado en el borde de la cama. Había perdido mi orgullo y mi altivez; de mí sólo quedaba un puñado de miseria. Me miré en el espejo y me asusté: había envejecido diez años esa noche. Deprimido, fijé mi vista en la luz del velador con su fea pantalla de hilos de plástico. De pronto la luz pareció adquirir mayor intensidad, y en los hilos de plástico todo comenzó a brillar y centellear; relumbraba como diamantes y piedras preciosas en todos los colores, y dentro de mí surgió un sentimiento avasallador de felicidad. Súbitamente desaparecieron la lámpara, la habitación y Eva, y me encontraba en un paisaje maravilloso, fantástico, que podía ser comparado con el interior de una gigantesca nave de iglesia gótica, con infinitas columnas y arcos ojivales. Pero éstos no eran de piedra, sino de cristal. Columnas de cristal azuladas, amarillentas, lechosas y transparentes me rodeaban como árboles en un bosque ralo. Sus puntas y arcos se perdían en las alturas. Una luz clara apareció delante de mi ojo interno y desde la luz me habló una voz maravillosa y suave. No la oía con mi oído externo, sino que la percibía como pensamientos claros que surgen dentro de uno mismo.

Reconocí que en los horrores de la noche pasada había vivido mi propio estado: la egolatría. Mi egoísmo me había separado de los hombres y llevado a la soledad interior. Me había amado sólo a mí mismo, no al prójimo, sino al goce que podía proporcionarme. El mundo había existido únicamente para satisfacer mis ambiciones. Me había vuelto duro, frío y cínico. Eso, pues, había significado el infierno: egolatría y falta de amor. Por eso todo me había parecido extraño y ajeno, tan burlón y amenazador. Deshaciéndome en lágrimas me enseñaron que el verdadero amor significa la renuncia al egocentrismo, y que no es el deseo, sino el amor desinteresado el que construye el puente al corazón del prójimo. Ondas de un indecible sentimiento de felicidad inundaron mi cuerpo. Había experimentado la gracia de Dios. Pero ¿cómo era posible que resplandeciera sobre mí justamente desde esa barata pantalla? Y la voz interior contestó: Dios está en todo.

La experiencia a orillas del lago me ha dado la certeza de que fuera del perecedero mundo material existe una realidad espiritual eterna que es nuestra verdadera patria. Ahora estoy en el camino del retorno.

Para Eva todo había sido una pesadilla. Nos separamos poco tiempo después.

Un alegre cántico del ser

Los apuntes siguientes, de un agente de publicidad de 25 años de edad, pertenecen al libro *El fenómeno* LSD, de John Cashman. Lo hemos incluido en la presente selección de informes sobre el LSD porque la secuencia de máxima felicidad después de visiones de terror, que se expresa en la vivencia de muerte y resurrección aquí descrita, es típica del desarrollo de muchos experimentos con LSD.

Mi primera experiencia con LSD se desarrolló en la casa de un amigo que me sirvió de guía. El ambiente me resultaba familiar, la atmósfera era cómoda y relajada. Tomé dos ampollas de LSD (200 microgramos), mezcladas con medio vaso de agua pura. El efecto de la droga duró casi once horas, a partir de las 8 del sábado hasta poco antes de las 7 de la mañana siguiente. Desde luego, no tengo posibilidades de comparación..., pero estoy convencido de que ningún santo ha tenido visiones más sublimes o hermosas ni vivido un estado más dichoso de trascendencia que yo. Mi talento para comunicarles estas maravillas a otros es muy reducido; soy incapaz de hacerlo. Tendrá que bastar un bosquejo casero, mientras que en realidad haría falta la rica paleta de un gran pintor. Debo disculparme por el intento de expresar con débiles palabras la experiencia más impresionante de mi vida. Mi aire de superioridad al ver la falta de recursos de otros para explicarme sus propias visiones celestiales se ha convertido en la sonrisa sabia del conspirador, pues las experiencias comunes no necesitan palabras.

Mi primer pensamiento después de haber bebido el LSD fue que la droga no tiene ningún efecto. Me habían asegurado que unos treinta minutos después se presentarían los primeros síntomas: una comezón en la piel. No sentí comezón alguna. Formulé una observación al respecto, pero me contestaron que aguardara tranquilo el curso de los acontecimientos. Como no tenía nada mejor que hacer, miré fijamente el dial iluminado de la radio y meneé la cabeza al compás de una canción de moda que desconocía. Creo que pasaron unos minutos antes de que notara que la luz del dial variaba sus colores como un caleidoscopio. Veía colores rojos y amarillos claros que acompañaban a los tonos agudos, y púrpura y violeta con los tonos graves. Me reí. No tenía ni idea de cuándo había comenzado el juego de colores. Sólo sabía que ahora era un acontecimiento. Cerré los ojos, pero los tonos de colores no desaparecieron. Estaba dominado por el extraordinario poder lumínico de los colores. Quería hablar, explicar lo que veía, describir los colores vibrantes, brillantes. Pero luego eso no me parecía tan importante. Mientras lo observaba, unos colores radiantes inundaban el cuarto y se disponían en capas horizontales al ritmo de la música. De pronto fui consciente de que los colores eran la música, pero este descubrimiento no pareció sorprenderme. Quise hablar de la música de colores, pero no pude proferir palabra alguna, sino sólo un balbuceo monosilábico, mientras que atravesaban mi conciencia con la velocidad de la luz unas impresiones polisilábicas. Entraron en movimiento las dimensiones del cuarto, se modificaban continuamente, se desplazaron primero formando un rombo tembloroso, luego se dilataron en un óvalo, como si alguien inflara la habitación con aire hasta que las paredes amenazaran con estallar. Me costaba concentrarme en los objetos. Se derretían en una nada turbia o salían volando al espacio; hacían excursiones en cámara lenta que me interesaban sobremanera. Quería mirar el reloj, pero las manecillas huían de mi mirada. Quería preguntar la hora, pero no lo hice. Estaba demasiado fascinado con lo que veía y oía: sonidos alegres y armónicos... caras únicas.

Estaba fascinado. No tengo ni idea de cuánto duró este éxtasis. Sólo sé que lo siguiente fue el huevo.

El huevo –grande, palpitante, verde brillante– ya estaba allí antes de que lo descubriera. *Sentí* que estaba. Estaba suspendido en medio del cuarto. Yo estaba embelesado con su tremenda belleza, pero temía que pudiera caerse al suelo y romperse. Pero antes de que pudiera completar este pensamiento, el huevo se disolvió y descubrió una gran flor colorida. Jamás había visto una flor así. Pétalos de increíble delicadeza se abrían en el espacio y esparcían los colores más hermosos en todas las direcciones. Sentía los colores y los oía cuando acariciaban mi cuerpo, frescos y tibios, sonantes y aflautados.

El primer sentimiento de miedo sobrevino después, cuando el centro de la flor fue comiéndose lentamente los pétalos. Era negro y brillante y parecía estar formado por las espaldas de innumerables hormigas. Se comía los pétalos con una lentitud torturadora. Quise gritar que lo dejara o se apresurara. Me daba pena ver extinguirse lentamente esos hermosos pétalos, como si los devorara una enfermedad insidiosa. Luego, en una iluminación repentina, reconocí con espanto que esa cosa negra estaba deglutiéndome a mí. ¡Yo era la flor, y éste algo extraño y reptante estaba devorándome! Grité o chillé; no lo recuerdo exactamente. La angustia y el asco desplazaron todo lo demás. Oí que mi guía decía: «Tranquilo, acompáñame, no te apoyes, acompáñame». Intenté seguir su consejo, pero esa asquerosa cosa negra me causaba tal repugnancia que grité: «¡No puedo! ¡Por Dios, ayúdame!». La voz me calmó y consoló: «Déjalo llegar. Todo está bien. No tengas miedo. Acompáñame y no te resistas».

Sentí que me disolvía en esa horrible aparición. Mi cuerpo se derretía en olas, se unía con el núcleo de ese algo negro, y mi espíritu era liberado del yo, de la vida e incluso de la muerte. En un único momento de claridad total reconocí que era inmortal. Pregunté: «¿Estoy muerto?». Pero esta pregunta no tenía sentido. De pronto hubo luz radiante y la belleza resplandeciente de la unidad. Todo estaba lleno de luz, de una luz blanca de una claridad indescriptible. Yo estaba muerto, y había nacido, y todo era un encanto puro y sagrado. Mis pulmones estallaban en el alegre cántico del ser. Era unidad y vida, y el amor sagrado que llenaba mi ser era ilimitado. Mi conciencia era aguda y universal. Vi a Dios y al diablo y a todos los santos, y reconocí la verdad. Sentí que salía volando al cosmos, ingrávido y sin ataduras, liberado, para bañarme en el resplandor bienaventurado de las apariciones celestiales.

Quería dar gritos de júbilo, cantar acerca de la nueva vida y el sentimiento y la forma. Sabía y entendía todo lo que puede saberse y entenderse. Era inmortal, más sabio que la sabiduría y capaz del amor que supera a todo amor. Cada uno de los átomos de mi cuerpo y de mi alma había visto y sentido a Dios. El mundo era calidez y bondad. No había tiempo ni lugar ni yo. Sólo existía la armonía cósmica. Todo estaba en la luz blanca. Cada fibra de mi ser sabía que esto era así.

Incorporé esta iluminación dentro de mí y me entregué a ella por completo. Cuando comenzó a empalidecer me sentí impelido a retenerla, y me resistí obstinado a la invasión de la realidad de espacio y tiempo. Para mí las realidades de nuestra limitada existencia ya no eran válidas. Había visto las verdades últimas, y no podrían subsistir otras frente a ellas. Mientras me retornaban lentamente al reino despótico de los relojes, agendas y pequeñas maldades, intenté informar sobre mi viaje, mi iluminación, el miedo, la belleza, todo. Debo de haber balbuceado como un demente. Mis pensamientos se arremolinaban con una velocidad impresionante, y mis palabras no lograban guardar el paso. Mi guía sonrió y dijo que había comprendido.

La selección anterior de informes sobre «viajes al cosmos del alma», por variadas que sean las experiencias que abarca, no permite dar una imagen completa de toda la amplia gama de reacciones ante el LSD, una diversidad que incluye desde sublimes experiencias espirituales, religiosas y místicas hasta graves perturbaciones psicosomáticas. En este sentido, se han descrito casos de sesiones con LSD, en las que la estimulación de la fantasía y de la experiencia visionaria, tal como se expresa en los protocolos e informes sobre el LSD aquí presentados, quedó totalmente ausente y la persona en ensayo se encontró todo el tiempo en un estado de horrible malestar físico y psíquico, o tuvo incluso la sensación de estar gravemente enferma.

También son contradictorios los informes sobre la influencia que el LSD ejerce sobre la vivencia sexual. Dado que el estímulo de todas las percepciones sensoriales es un rasgo esencial de los efectos del LSD, la embriaguez de los sentidos del acto sexual puede sufrir una intensificación insospechada. Pero también se han descrito casos en los que el LSD no condujo al esperado paraíso erótico, sino a un purgatorio o incluso al infierno de una terrible extinción de toda sensación y al vacío mortal.

Sólo en el LSD y los alucinógenos emparentados con él se encuentra tal variedad y contraste en las reacciones frente a una droga. La explicación de este hecho se encuentra en la complejidad y variabilidad de la estructura profunda anímico-espiritual del hombre, una dimensión en la que el LSD logra penetrar, transformando la experiencia en imagen.

9

Los parientes mexicanos del LSD

Hacia finales de 1956 una noticia de un diario me despertó un especial interés. Unos investigadores norteamericanos habían encontrado entre los indios del sur de México unas setas que se comen durante ceremonias religiosas y generan un estado de embriaguez acompañado de alucinaciones.

La seta sagrada teonanacatl

No se conocía entonces ninguna otra droga que provocara alucinaciones, como el LSD, salvo el cactus de la mescalina, que también existía en México. Me habría gustado contactar con estos investigadores para llegar a conocer esas setas con mayor detalle. Pero en aquel breve artículo periodístico faltaban nombres y direcciones, de modo que me fue imposible obtener más información. De todos modos seguí pensando en las setas misteriosas, cuya investigación química hubiera sido una tarea seductora.

Estaba de por medio el LSD, como se comprobó luego, cuando al año siguiente estas setas hallaron el camino a mi laboratorio sin que yo interviniera.

Por mediación del Dr. J. Durant, el entonces director de la filial de Sandoz en París, llegó a la dirección de investigaciones farmacológicas de Basilea una pregunta del profesor Bleim, director del Laboratorio de Criptogramía del Museo Nacional de Historia Natural de París, referente a si teníamos interés en llevar a cabo el estudio químico de las setas alucinógenas mexicanas. Con gran alegría me declaré dispuesto a emprender esta tarea en mi sección, es decir, en los laboratorios de investigación de sustancias naturales. Así quedaba establecida la conexión con los emocionantes estudios de las setas mágicas mexicanas, cuyos aspectos etnomicológicos y botánicos se habían ya examinado científicamente en su mayor parte.

La existencia de estas setas mágicas constituyó durante mucho tiempo un enigma. La historia de su redescubrimiento se describe en *Mushrooms, Russia and History* [Setas, Rusia y la Historia], una obra clásica de la etnomicología en dos volúmenes muy bien presentados. Es una versión de primera mano, pues sus autores, el matrimonio de investigadores Valentina Pavlovna y R. Gordon Wasson tuvieron una participación decisiva en este redescubrimiento. La siguiente exposición de la historia de estas setas está extraída de la publicación de los Wasson.

Los primeros testimonios escritos sobre el empleo de setas embriagadoras en ocasiones festivas o en el marco de ceremonias religiosas y prácticas de curaciones mágicas se encuentra ya entre los cronistas y naturalistas españoles del siglo XVI, que llegaron al país poco después que Hernán Cortés conquistara México. El testimonio más importante es el del franciscano Bernardino de Sahagún, quien, en su famosa *Historia general de las cosas de Nueva España,* escrita entre 1529 y 1590, cita repetidas veces las setas mágicas y describe sus efectos y su empleo. Así describe, por ejemplo, cómo unos comerciantes celebraron la vuelta de un exitoso viaje de negocios con una fiesta de setas:

> En la reunión festiva, mientras tocaban las flautas, comían setas. No ingerían otra comida; durante toda la noche sólo bebían chocolate. Comían las setas con miel. Cuando las setas comenzaron a dar efecto, se bailó y lloró... Unos veían en sus visiones cómo morían en la guerra... otros, cómo los devoraban las fieras feroces... los terceros, que se enriquecían y podían comprar esclavos... los cuartos, cómo cometían adulterios y luego eran lapidados y les rompían el cráneo... los quintos, cómo se ahogaban en el agua... los sextos, cómo encontraban la paz en la muerte... otros más allá, cómo se caían del tejado y morían... Todas estas cosas veían. Cuando disminuyó el efecto de las setas se reunieron y se narraron unos a otros lo que habían visto en sus visiones.

En un escrito de la misma época un dominico, fray Diego Durán, relata que en las grandes fiestas de la subida al trono de Moctezuma II, el famoso emperador azteca, en 1502, se consumieron setas embriagadoras.

Un pasaje de una crónica de don Jacinto de la Serna, del siglo XVII, señala la utilización de estas setas en el marco religioso:

> Y lo que sucedió fue que llegó al pueblo un indio de Tenango, llamado Juan Chichitón [...]. Traía setas que había juntado en las montañas; con ellas realizó un culto a los ídolos [...]. En una casa, en la que se habían reunido para celebrar a un santo, toda la noche se tocó el teponastli [instrumento musical azteca] y se cantó [...]. Después de medianoche, Juan Chichitón, que oficiaba de sacerdote en este ritual, les dio de comer setas a todos los presentes a modo de comunión, y bebieron pulque [...] de modo que todos perdieron la razón, que era una vergüenza.

En nahuatl, el idioma de los aztecas, estas setas se llamaban «teonanacatl», lo cual puede traducirse como «seta divina».

Hay indicios de que el uso ritual de estas setas comienza en lejanos tiempos precolombinos. En Guatemala, El Salvador y las linderas regiones montañosas de México se han encontrado las llamadas «piedras de setas». Se trata de unas esculturas de piedra con forma de hongo con sombrerete, en cuyo tallo está esculpido el rostro o la figura de un Dios o un demonio animal. La mayoría tiene una altura de unos treinta centímetros. Los arqueólogos fechan los ejemplares más antiguos en el siglo v a. C. Una de estas piedras, del período maya clásico temprano (300 a. C.–600 d. C.) se conserva en el Museo Rietberg de Zúrich.

Si la idea de R. G. Wasson es cierta —y hay para ello argumentos convincentes—, esto es, que hay una conexión entre estas piedras de setas y el teonanacatl, esto implica que el culto de las setas, el empleo mágico–medicinal y religioso–ceremonial de las setas mágicas tiene más de dos mil años de antigüedad.

Los efectos embriagadores generadores de visiones y alucinaciones de estos hongos les parecían obra del diablo a los misioneros cristianos. Por eso intentaron cortar de raíz este uso. Pero lo lograron sólo en parte, pues hasta el día de hoy los indios siguen empleando la seta sagrada teonanacatl en secreto.

Curiosamente, durante los siglos siguientes no se prestó atención a los informes de las antiguas crónicas sobre el empleo de hongos mágicos, tal vez porque se los consideraba producto de fantasías de una época supersticiosa.

El conocimiento de la existencia de las «setas sagradas» amenazó con perderse definitivamente cuando en 1915 un prestigioso botánico norteamericano, el doctor W. E. Safford, en una conferencia ante la Sociedad Botánica de Washington y en una publicación científica, planteó la tesis de que jamás había existido algo así como unos hongos mágicos; los cronistas españoles habrían confundido el cactus de la mescalina con una seta. De todos modos, esta afirmación, aunque falsa, de Safford dirigió la atención del mundo de la ciencia hacia el enigma de las setas misteriosas.

Fue el médico mexicano Dr. Blas Pablo Reko el primero que se opuso públicamente a la afirmación de Safford. Había encontrado indicios de que en lejanas zonas de las montañas del sur mexicano se seguirían empleando hoy día setas en ceremonias médico-religiosas. Pero sólo en los años 1936-1938 el antropólogo Robert J. Weitlaner y el doctor Richard E. Schultes, un botánico de la Universidad de Harvard, hallaron verdaderamente tales setas en aquella región, y en 1938 un grupo de jóvenes antropólogos norteamericanos dirigidos por Jean B. Johnson pudo asistir por primera vez a una secreta ceremonia nocturna con setas. Sucedió en Huautla de Jiménez, el pueblo principal del país de los mazatecas, en la provincia de Oaxaca. Pero los científicos fueron sólo espectadores; todavía no pudieron probarlas. Johnson publicó la experiencia en una revista sueca (*Ethnological Studies*, 9, 1939).

Luego hubo otro intervalo en el estudio de los hongos mágicos. Estalló la Segunda Guerra Mundial. Schultes, por encargo del gobierno norteamericano, tuvo que dedicarse a la obtención de caucho en la zona del Amazonas, y Johnson cayó como soldado en el desembarco de los aliados en el norte de África. Después fueron aficionados a la investigación, el ya citado matrimonio Dra. Valentina Pavlovna y R. G. Wasson, los que retomaron el problema desde la perspectiva etnográfica. R. G. Wasson era banquero, vicepresidente de la Banca Morgan Co. en Nueva York. Su esposa, muerta en 1958, era pediatra. Los Wasson prosiguieron el estudio en 1953, en el punto en que quince años antes J. B. Johnson y otros habían comprobado la supervivencia del antiguo culto indígena de las setas, es decir, en la localidad mazateca de Huautla de Jiménez. Les proporcionó allí informaciones especialmente valiosas una misionera norteamericana que trabajaba allí desde hacía muchos años. Eunice Victoria Pike, miembro de los Wycliffe Bible Translators,★ gracias a su conocimiento del idioma indígena y su asistencia espiritual a la población, conocía más que nadie la significación de las setas mágicas. Durante varias estancias prolongadas en Huautla y alrededores los Wasson pudieron estudiar con detalle el empleo actual de las setas y compararlo con las descripciones de las antiguas crónicas. Resultó que la creencia en las «setas mágicas» está aún muy difundida en aquella zona. Pero ante los extranjeros, los indios lo mantenían en secreto. Requirió, pues, mucho tacto y habilidad ganarse la confianza de la población indígena y llegar a conocer esta esfera íntima.

En la forma actual del culto de la seta las viejas creencias y tradiciones religiosas se mezclan con ideas y terminología cristianas. Así, se habla con frecuencia de las setas como de la sangre de Cristo, pues crecerían sólo donde hubiera caído una gota de sangre de Cristo en la tierra. Según otra concepción estos hongos brotan donde una gota de la saliva de la boca de Cristo haya humedecido el suelo, y por eso es el propio Cristo quien habla a través de los hongos.

La ceremonia se desarrolla en forma de una consulta. El que busca un consejo, o un enfermo, o su familia, consultan, pagando por ello, a un «sabio» o a una «sabia», también lla-

★ Traductores bíblicos Wycliffe. [N. del T.]

mados «curandero» o «curandera».★ El sentido de «curandero» es el de un sacerdote que cura, pues su función es tanto la de un médico cuanto la de un sacerdote; ambos son muy difíciles de encontrar en esas lejanas regiones. En la lengua mazateca parece faltar una palabra que corresponda exactamente a la de «curandero». Se le llama *co-ta-ci-ne,* «el que sabe». Es quien come la seta en el marco de una ceremonia siempre nocturna. A las demás personas presentes también se les da setas, pero al curandero siempre le corresponde una ración mucho mayor. La acción tiene lugar entre oraciones y conjuros. Antes de consumirlas, las setas se ahuman brevemente sobre una pila en la que se quema copal (una resina parecida al incienso). En la oscuridad total, a veces a la luz de una vela, los demás asistentes yacen tranquilos en sus esteras de paja. El curandero reza y canta en cuclillas o sentado delante de una suerte de altar, en el que se encuentra un crucifijo o una estampa de santo y otros objetos de culto. Bajo la influencia de las setas sagradas ingresa en un estado visionario, del que participan, en mayor o menor medida, los asistentes pasivos. En el canto monótono del curandero el hongo teonanacatl da sus respuestas a las preguntas formuladas. Dice si la persona enferma morirá o sanará, y qué hierbas la curarán; descubre quién ha matado a cierto hombre o quién ha robado un caballo; o da a conocer cómo está el pariente que se encuentra lejos.

La ceremonia de las setas no sólo cumple la función de una consulta; para los indios tiene también, en muchos sentidos, un significado parecido al de la Última Cena para los cristianos creyentes. De muchas observaciones de los indígenas se puede inferir que Dios les ha regalado la seta sagrada

---

★ En castellano en el original. [N. del T.]

porque son pobres y carecen de médicos y medicamentos, y también porque no saben leer; sobre todo, porque no pueden leer la Biblia, por lo cual Dios les habla directamente a través de la seta. La misionera Eunice V. Pike señaló precisamente las dificultades para explicar el mensaje cristiano, las Escrituras, a un pueblo que cree poseer medios —las setas sagradas— que le revelan la voluntad divina de modo inmediato, patente; es más: que le permiten —así lo creen— mirar dentro del cielo y entrar en contacto directo con Dios.

La veneración de los indios se muestra también en el hecho de que creen que sólo una persona «pura» puede comer las setas sagradas sin perjuicio. «Puro» significa aquí pureza para la ceremonia, lo cual incluye la abstinencia sexual cuando menos cinco días antes y cinco después de la ceremonia. También hay que cumplir determinadas normas durante la cosecha. Si no se observan, los hongos pueden volver loco y hasta matar a quien los ingiera.

Los Wasson habían emprendido su primera expedición al país de los mazatecas en 1953, pero sólo en 1955 lograron disipar hasta tal punto el temor y las reticencias de sus nuevos amigos mazatecas como para que se les permitiera participar activamente en una ceremonia de setas. R. Gordon Wasson y su acompañante, el fotógrafo Alan Richardson, a fines de junio de ese año pudieron comer setas sagradas durante una ceremonia nocturna. Fueron así probablemente los primeros extranjeros, los primeros blancos, que pudieron comer el teonanacatl.

En el segundo volumen de *Mushroom, Russia and History,* Wasson describe entusiasmado cómo la seta se apoderó totalmente de él, pese a que había intentado combatir sus efectos, para poder seguir siendo un observador objetivo. Primero vio modelos geométricos de colores, que luego adoptaban un carácter arquitectónico. Siguieron visiones de maravillosas galerías con columnas, palacios de una armonía y belleza sobrenaturales, adornados con piedras preciosas, carros triunfales tirados por seres fabulosos, como sólo se conocen en la mitología, y paisajes con un brillo de cuento de hadas. Desprendida del cuerpo, el alma estaba suspendida intemporalmente en un reino de fantasía con imágenes de una realidad superior y un significado más profundo que el del mundo cotidiano. Parecía querer revelarse la causa última, lo inefable, pero la última puerta no se abría.

Esa experiencia fue para Wasson la demostración definitiva de que las fuerzas mágicas que se adscribían a los hongos existían realmente y no eran mera superstición.

Para que las setas fueran examinadas científicamente, Wasson ya antes había contactado con el citado micólogo, profesor Roger Heim, en París. Heim acompañó a los Wasson en ulteriores expediciones al país de los mazatecas y llevó a cabo la determinación biológica de los hongos sagrados. Se trataba de agáricos de la familia de los *trophariaceae;* era alrededor de una docena de especies que aún no habían sido científicamente descritas, y que pertenecían en su mayor parte a la clase *psilocybe.* El profesor Heim logró cultivar algunas variedades en su laboratorio. Resultó especialmente apto para el cultivo artificial el hongo *psilocybe mexicana Heim.*.

A la par de estos trabajos botánicos se realizaron investigaciones químicas, con el objeto de extraer el principio alucinógeno activo de las setas y sintetizarlo de forma químicamente pura. Dichas investigaciones se llevaron a cabo a instancias del profesor Heim en el laboratorio químico del Museo Nacional de Historia Natural de París; asimismo, en Estados Unidos había grupos de trabajo que se ocupaban de este problema en los laboratorios de investigación de las dos grandes fábricas farmacéuticas Merck & Smith y Kline & French. Los laboratorios norteamericanos habían obtenido las setas en parte de R. G. Wasson y en parte las habían hecho recoger ellos mismos en la Sierra Mazateca.

Al no dar resultados los análisis químicos parisienses y estadounidenses, el profesor Heim, como hemos expuesto al principio del capítulo, llegó a nuestra empresa a partir de la consideración de que nuestras experiencias con el LSD, cuyos efectos eran similares a los de las setas, podrían ser provechosas. Fue, pues, el LSD quien le marcó al teonanacatl el camino a nuestros laboratorios.

En aquel entonces yo era el director de la división de sustancias naturales de los laboratorios de investigación farmacéutico-química, y quise asignarle el examen de las setas milagrosas a uno de mis colaboradores. Pero él no mostró muchas ganas de asumir esta tarea, porque se sabía que el LSD y todo lo relacionado con él no era un tema visto con buenos ojos por la dirección general de Sandoz. Como no se puede dar la orden de tener el entusiasmo necesario para un trabajo exitoso, pero yo lo tenía, decidí realizar yo mismo la investigación.

Para el comienzo del análisis químico disponíamos de unos cien gramos de hongos disecados del tipo *psilocybe mexicana,* que el profesor Heim había cultivado en su laboratorio. En las extracciones y ensayos de aislamiento me ayudó mi laborante Hans Tscherter, quien, en el curso de nuestra tarea en común de varias décadas, se había convertido en un colaborador sumamente eficiente y totalmente familiarizado con mi método de trabajo. Como no había ningún punto de referencia acerca de las propiedades químicas de la sustancia activa buscada, había que realizar los ensayos de aislamiento sobre la base del efecto de los extractos. Pero ninguno de los diversos extractos mostró un efecto farmacológico claro, ni en perros ni en ratones, del que podría haberse concluido la presencia del principio alucinógeno. Surgieron dudas acerca de si los hongos cultivados y disecados en París eran todavía eficaces. Esto sólo podía establecerse con un ensayo en el hombre. Como en el caso del LSD, me decidí a hacerlo yo mismo, dado que no es posible que un investigador transmita un autoensayo a otra persona si lo necesita para sus propias investigaciones y además encierra determinados riesgos.

En este experimento comí 32 ejemplares disecados de *psilocybe mexicana* que, en conjunto, pesaban 2,4 g. Esta cantidad correspondía, según las indicaciones de Wasson y Heim, a una dosis media de las empleadas por los curanderos. Las setas desarrollaron un fuerte efecto psíquico, como lo muestra el siguiente extracto del protocolo del experimento:

Después de media hora el mundo exterior comenzó a transformarse de modo peregrino. Todo adquirió un carácter mexicano. Como yo era plenamente consciente de que podía fantasear estas escenas mexicanas debido a mi conocimiento del origen mexicano de las setas, intenté conscientemente ver mi medio ambiente tal cual lo conocía de todos los días. Pero todos mis esfuerzos por ver las cosas con sus formas y colores habituales fracasaron. Con los ojos abiertos o cerrados veía únicamente motivos y colores indígenas. Cuando el médico que controlaba el ensayo se inclinó por encima de mí para medir la presión sanguínea, se convirtió en un inmolador azteca, y no me habría sorprendido de que blandiera un cuchillo de obsidiana. Pese a la seriedad de la situación me divirtió ver que la cara teutónica de mi colega había adquirido una expresión netamente india. En el punto álgido de la embriaguez, unos noventa minutos tras la ingestión de las setas, el aflujo de las imágenes internas –en general eran motivos abstractos de forma y color rápidamente cambiantes– se hizo tan enorme que temí ser arrastrado a ese vértice de formas y colores y disolverme en él. El sueño finalizó unas horas más tarde. Subjetivamente no podría haber indicado cuánto había durado este estado vivido de modo totalmente atemporal.

Sentí la vuelta a la realidad acostumbrada como un retorno feliz de un mundo extraño, vivido totalmente como real, al viejo hogar familiar.

Este autoensayo mostró una vez más que el hombre es mucho más sensible a las sustancias psicoactivas que el animal. La misma comprobación, según hemos señalado, la habíamos hecho ya en las investigaciones con LSD en el experimento animal. La causa de la aparente ineficacia de nuestros extractos aplicados a ratones y perros no radicaba, pues, en la falta de actividad de las setas, sino en la baja capacidad de reacción de los animales ante esas sustancias activas.

Psilocybina y psilocina

Puesto que el experimento con el ser humano era el único test disponible para descubrir qué fracciones de extractos eran las activas, no quedaba otro remedio que realizar los experimentos en nosotros mismos si queríamos proseguir con el trabajo y obtener un resultado exitoso. Como en el autoensayo recién descrito se había obtenido una reacción fuerte, de varias horas de duración, con 2,4 g, de ahí en adelante utilizamos pruebas de fracciones que correspondían sólo a un tercio de esta cantidad, es decir, a 0,8 g de setas disecadas. Si contenían el principio activo, ejercían un efecto suave que reducía poco tiempo la capacidad de trabajo, pero que era lo suficientemente nítido como para poder distinguir las fracciones vacías de las que contenían la sustancia activa. En estas series de tests participaron otros colaboradores y varios colegas.

Con la ayuda de este test confiable en el ser humano se pudo entonces aislar el principio activo, concentrarlo y llevarlo a un estado químicamente puro mediante la aplicación de los más modernos métodos separativos. Se obtuvieron así dos sustancias nuevas en forma de cristales incoloros; las llamé psilocybina y psilocina.

En conjunto con el profesor Heim y mis colegas Dr. A. Brack y Dr. H. Kobel, quienes habían conseguido cantidades mayores de material de setas para estas investigaciones, después de haber podido mejorar sustancialmente el cultivo de las setas en el laboratorio, estos resultados se publicaron en marzo de 1958 en la revista *Experientia*.

En la fase siguiente de esta investigación, es decir, en el establecimiento de la estructura química de la psilocybina y la psilocina y la posterior síntesis de estos compuestos, participaron mis colaboradores de entonces, los doctores A. J. Frey, H. Ott, Th. Petrzilka y F. Troxler. La estructura química de estas sustancias activas merece una consideración especial en varios sentidos (véanse las fórmulas que figuran en la última página). La psilocybina y la psilocina pertenecen, igual que el LSD, a la clase de sustancias de combinaciones del indol, que aparece en el reino animal y vegetal y es biológicamente importante. Unas características químicas especiales, comunes a ambas sustancias de las setas y al LSD, muestran que no sólo existe un parentesco en lo que respecta a sus efectos físicos, sino que también sus estructuras químicas presentan afinidades notables. La psilocybina es el éster del ácido fosfórico de la psilocina y como tal el primero y hasta ahora único compuesto de indol que contenga ácido fosfórico encontrado en la naturaleza. El resto de ácido fosfórico no contribuye al efecto, pues la psilocina, que no contiene ácido fosfórico, es igual de activo que la psilocybina, pero vuelve más estable la molécula. Mientras que el oxígeno del aire destruye rápidamente la psilocina, la psilocybina es una sustancia estable.

La psilocybina y la psilocina poseen también una estructura química muy parecida a la del factor cerebral serotonina. Como ya hemos expuesto en el capítulo sobre el LSD en el experimento animal y en la investigación biológica, la serotonina tiene una gran importancia en la química de las funciones cerebrales. Las dos sustancias de las setas, igual que el LSD, bloquean en el experimento farmacológico los efectos de la serotonina en diversos órganos. También otras propiedades farmacológicas de la psilocybina y la psilocina son parecidas a las del LSD. La diferencia principal reside en la eficacia cuantitativa, tanto en el experimento animal cuanto en los seres humanos. La dosis activa media de psilocybina o psilocina en el hombre es de diez miligramos (0,01 g), con lo cual estas sustancias son unas cien veces menos activas que el LSD, en el que 0,1 miligramos constituyen una dosis fuerte. Además, la duración del efecto de las sustancias de las setas es menor que la del LSD: es de cuatro a seis horas, mientras que en el LSD es de unas ocho a doce horas.

La síntesis total de la psilocybina y la psilocina, es decir, su fabricación artificial sin auxilio de la seta, pudo convertirse en un procedimiento técnico que permite producir estas sustancias a gran escala. Su obtención sintética es más racional y más barata que la extracción de las setas.

Con el aislamiento y la síntesis de los principios activos se había logrado deshechizar las setas milagrosas. Las sustancias, cuyos efectos maravillosos hicieron creer a los indios durante miles de años que vivía un dios en la seta, han sido elucidados en su estructura química y pueden producirse artificialmente en un matraz de vidrio.

¿En qué consiste el progreso del conocimiento que ha aportado aquí la investigación científica? En realidad sólo en el hecho de que el enigma de los efectos mágicos del teonanacatl ha sido reducido al enigma de los efectos de dos sustancias cristalizadas, pues la ciencia tampoco puede explicar, sino sólo describir estos efectos.

El parentesco de los efectos psíquicos de la psilocybina con los del LSD, su carácter visionario-alucinante, se puede ver en el protocolo de un ensayo de psilocybina de Rudolf Gelpke, extraído de su publicación ya citada en la revista *Antaios*, que reproducimos a continuación:

Donde el tiempo se detiene (10 mg de psilocybina, 6 de abril de 1961, 10.20 horas).

Efectos que aparecen después de unos veinte minutos: alegría, necesidad de hablar, sensación de mareo débil pero agradable y «respiración gozosamente profunda».

10.50 h: ¡Fuerte mareo!, ya no me puedo concentrar...
10.55 h: Excitado; intensidad de los colores; todo entre rosado y rojo.
11.05 h: El mundo se concentra hacia el centro de la mesa. Colores muy intensos.
11.10 h: Estar escindido, inaudito, ¿cómo se puede describir esta sensación de vida? Ondas, diversos yoes, tengo que contenerme.

Inmediatamente después de esta anotación me dirigí de la mesa, donde había desayunado con el Dr. H. y nuestras respectivas esposas, al aire libre, y me acosté en el césped. La embriaguez se acercaba rápidamente a su punto máximo. Pese a que me había propuesto firmemente tomar notas todo el tiempo, ahora eso me parecía una pérdida de tiempo, el movimiento de la escritura terriblemente lento y paupérrimas las posibilidades expresivas de la lengua, comparadas con la marea de vivencias interiores que me inundaba y amenazaba con hacerme estallar. Cien años, me parecía, no alcanzarían para describir la plétora de vivencias de un solo minuto. Al principio todavía había impresiones ópticas en un primer plano: vi encantado la sucesión ilimitada de las filas de árboles del bosque cercano; luego, los jirones de nubes en el cielo soleado, que de pronto se alzaban con silenciosa y arrebatadora majestad en una superposición de miles de capas —cielo sobre cielo— y esperaba que allí arriba ocurriera en el próximo instante algo ingente, inaudito, nunca visto —¿veré a un Dios?—, pero todo quedó en la espera, en el presagio, «en el umbral hacia el sentimiento último» […]. Luego me alejé (la proximidad de los demás me molestaba) y me acosté en un rincón del jardín, encima de un montón de maderas calentadas por el sol […]. Mis dedos acariciaban estas maderas con una ternura desbordante, sensual, de manera animal.

A la vez me abismé hacia dentro; era un máximo absoluto: me atravesó una sensación de dicha, una felicidad exenta de deseos. Me encontraba, detrás de mis párpados cerrados, en un vacío lleno de ornamentos de color rojo ladrillo y, simultáneamente, en el «centro del universo de la completa calma del viento». Yo sabía: todo estaba bien; la causa y el origen de todo estaba bien. Pero en ese mismo momento comprendí también el dolor y el asco, los malos humores y malentendidos de la vida común: allí uno nunca está «entero», sino dividido, fraccionado y escindido en los minúsculos añicos de los segundos, minutos, horas, días, semanas, meses y años; allí uno es esclavo del Moloc tiempo, que te come a trocitos; uno está condenado a balbucear, a la chapuza y a las obras incompletas. Aquí, en la cotidianeidad de la humana existencia, hay que arrastrar consigo lo perfecto y absoluto, lo simultáneo de todas las cosas, el Nu eterno de la Edad de Oro, esa causa primera del Ser —que ha existido siempre y siempre existirá—, como una espina dolorosa profundamente clavada en el alma, trágicamente conscientes de que jamás alcanzaremos, vano espejismo, un paraíso mil veces prometido y ya definitivamente perdido. Lo comprendí. Esta embriaguez era un vuelo espacial, no del hombre externo, sino del interno, y yo experimentaba la realidad durante un momento desde un punto de mira que está en algún lugar fuera de la fuerza de gravedad del tiempo.

Cuando volví a sentir esta fuerza de gravedad, fui lo suficientemente infantil como para querer postergar el regreso, ingiriendo a las 11.45 h una nueva dosis de 6 mg de psilocybina y otros 4 mg a las 14.30 h. El efecto fue insignificante y no merece citarse.

En esta serie de experimentos con LSD y psilocybina participó también en tres autoensayos la señora Li Gelpke, que realizó un dibujo en tinta china, de 33 x 51 cm. Li Gelpke escribió al respecto:

Nada de lo que hay en el dibujo está realizado conscientemente. Mientras lo hacía, el recuerdo (de lo vivido bajo la influencia de la psilocybina) había vuelto a la realidad y me guiaba en cada trazo. Por eso, la imagen tiene tantas capas como este recuerdo, y la figura que está abajo a la derecha es la prisionera de su sueño [...]. Cuando unas semanas más tarde llegaron a mis manos unos libros sobre arte mexicano, reencontré allí los motivos de mis visiones [...] con repentino susto.

La aparición de motivos mexicanos en la embriaguez de psilocybina la comprobé yo también, como lo he señalado, en mi primer autoensayo con las setas disecadas llamadas *psilocybe mexicana*. Este fenómeno también le ha llamado la atención a R. G. Wasson. Partiendo de estas observaciones ha formulado la presunción de que el antiguo arte mexicano podría haber sido influido por imágenes visionarias como las que aparecen en la embriaguez de setas.

La «enredadera mágica» ololiuqui

Después de que en un tiempo relativamente breve se había logrado resolver el enigma de la seta sagrada teonanacatl, me interesé por el problema de otra droga mágica mexicana cuya composición química se ignoraba: el *ololiuqui*. *Ololiuqui* es la designación azteca de la semilla de ciertas convulvuláceas que se usaban, igual que el *peyotl* (cactus de la mescalina) y las setas teonanacatl, en época precolombina en ceremonias religiosas y prácticas de curas mágicas por parte de los aztecas y otros pueblos vecinos. Aún hoy determinadas tribus emplean el *ololiuqui:* los zapotecas, chinantecas, mazatecas y mixtecas, que en las apartadas montañas del sur de México llevaban hasta hace poco tiempo una existencia bastante aislada y poco influida por el cristianismo.

El director del Museo Botánico de Harvard, en Cambridge (Estados Unidos), Dr. R. Evans Schultes, publicó en 1941 un excelente estudio de los aspectos históricos, etnológicos y botánicos del *ololiuqui*. Se titula: «A Contribuition to our Knowledge of *Rivea corymbosa*. The Narcotic Ololiuqui of the Aztecs» [Una contribución a nuestro conocimiento de la *Rivea corymbosa,* el ololiuqui narcótico de los aztecas]. Los siguientes datos sobre la historia del *ololiuqui* provienen principalmente de esta monografía de Schultes.

Los primeros apuntes sobre esta droga se encuentran entre los cronistas españoles del siglo XVI que también citan el *peyotl* y el *teonanacatl*. Así, el franciscano fray Bernardino de Sahagún escribe, en su ya citada y famosa crónica titulada *Historia general de las cosas de Nueva España,* sobre los efectos milagrosos del *ololiuqui:*

> Hay una hierba que se llama *coatl xoxouhqui* (serpiente verde), que da una semilla que se llama *ololiuqui.* Esta semilla aturde y confunde los sentidos; se la toma como brebaje mágico [...].

Otra información sobre esta semilla nos la da el médico Francisco Hernández, a quien Felipe II envió a México para que estudiara allí, entre 1570 y 1575, los medicamentos de los indígenas. En el capítulo «Sobre el ololiuqui» de su obra monumental, publicada en Roma en 1651 con el título de *Rerum Medicarum Novae Hispaniae Tresaurus Seu Plantarum, Animalium, Mineralium Mexicanorum Historia*, da una descripción detallada y la primera ilustración del ololiuqui. Un extracto del texto latino que acompaña a la ilustración dice así:

> El *ololiuqui,* que otros llaman *coaxihuitl* o hierba de la serpiente, es una enredadera con hojas tenues, verdes, en forma de corazón [...], las flores son blancas, de tamaño medio [...], las semillas redondas [...]. Cuando los sacerdotes de los indios quieren tratar con los dioses y obtener respuestas de ellos, comen de esta planta para embriagarse. Entonces se les aparecen miles de formaciones fantásticas y demonios [...].

Pese a esta descripción relativamente buena, la identificación botánica del ololiuqui como semilla de la *rivea corymbosa Hall. f.* motivó numerosas discusiones entre los profesionales y hoy día se propone como designación botánica correcta *turbina corymbosa* (L.) Raf.

Cuando en 1959 me decidí a intentar aislar el principio activo del ololiuqui había un solo informe sobre trabajos químicos con la semilla de la *turbina corymbosa*. Pertenecía al farmacólogo C. G. Santesson, de Estocolmo, y era de 1937. Pero Santesson no había logrado aislar una sustancia activa en su forma pura.

Sobre la eficacia del ololiuqui se habían publicado hallazgos contradictorios. En 1955, el psiquiatra H. Osmond realizó autoensayos con las semillas de la *turbina corymbosa*. Tras la ingestión de 60-100 semillas entró en un estado de apatía y vacío, acompañado de alta sensibilidad visual. Cuatro horas después siguió un período con una sensación de relajamiento y bienestar, que se mantuvo un buen rato. Esto se contradecía con los resultados que publicó V. J. Kinross-Wright en 1958 en Inglaterra, según los cuales ocho voluntarios, que habían ingerido hasta 125 semillas, no sintieron efecto alguno.

Por mediación de R. Gordon Wasson obtuve dos muestras de semillas de ololiuqui. En la carta con que acompañaba las muestras, Wasson me escribía el 6 de agosto de 1959 desde Ciudad de México:

> Le envío aquí un pequeño paquete con semillas. Según creo, se trata de *rivea corymbosa,* conocida también como ololiuqui, el famoso estupefaciente de los aztecas. En Huautla se la denomina *semilla de la Virgen.* Como verá el paquete contiene dos botellitas con semillas que me dieron en Huautla, y un recipiente más grande con semillas que me dio Francisco Ortega, un indio zapoteca, que las había recogido él mismo de las plantas de la localidad zapoteca de San Bartolo Yautepec [...].

Las semillas redondas, de color marrón claro, provenientes de Huautla, resultaron ser efectivamente *rivea corymbosa* (sinónimo: *turbina corymbosa)* en su identificación botánica, mientras que las semillas negras y angulosas de San Bartolo Yautepec fueron identificadas como *ipomoea violácea.*

Mientras que la *turbina corymbosa* se desarrolla sólo en climas tropicales o subtropicales, la *ipomoea violácea* se encuentra también en zonas templadas como planta de adorno y está difundida en toda la superficie del planeta. Se trata de la enredadera, que con sus campanillas en distintas variedades, con cálices azules o a rayas azules y rojas, engalanan nuestros jardines.

Además del ololiuqui original, es decir, además de las semillas de la *turbina corymbosa, que* denominan *badoh,* los zapotecas emplean también el *badoh negro,* las semillas de la *ipomoea violácea.* Esta observación la realizó T. MacDougall, quien nos hizo llegar un segundo envío, más abundante, de estas últimas semillas.

En la investigación química de la droga *ololiuqui* participó mi aplicado ayudante de laboratorio Hans Tscherter, con quien ya había llevado a cabo el aislamiento de las sustancias activas de las setas. Establecimos la hipótesis de trabajo de que los principios activos de las semillas de *ololiuqui* podían pertenecer a la misma clase de sustancia química que el LSD, la psilocybina y la psilocina, es decir, a los compuestos de indol. En vista del gran número de otros grupos de sustancias que podían ser sustancias activas del *ololiuqui* del mismo modo que los índoles, la probabilidad de que esta suposición fuera acertada era muy reducida. Pero se podía comprobar con mucha facilidad, pues la presencia de compuestos del indol se puede constatar simple y velozmente con reacciones de coloración. Con determinado reactivo, ya la presencia de trazas de sustancias de indol dan una solución de un intenso color azul. Tuvimos suerte con nuestra hipótesis. Los extractos de las semillas de *ololiuqui* produjeron el color azul característico de los índoles. Con la ayuda de este test de coloración, al poco tiempo logramos aislar las sustancias de indol de las semillas y obtenerlas de forma químicamente pura. Su identificación nos llevó a un resultado sorprendente. Lo que encontramos al comienzo nos pareció increíble. Sólo después de una repetición y un examen muy cuidadoso de los pasos realizados cedió la desconfianza a nuestros propios hallazgos: los principios activos de la vieja droga mágica mexicana *ololiuqui* resultaron idénticos a sustancias que ya había en mi laboratorio, a saber, a alcaloides que habíamos obtenido en el curso de las investigaciones precedentes sobre el cornezuelo de centeno. Eran los alcaloides que nos habían costado décadas de análisis, en parte aislados como tales drogas del cornezuelo, en parte obtenidos por transformación química de sustancias del mismo.

Comprobamos que las sustancias activas principales del ololiuqui son la amida del ácido lisérgico, la hidroxietilamida y otros alcaloides químicamente muy emparentados con éstos (véanse la fórmulas que figuran en última página). Entre ellos se encontraba también el alcaloide ergobasina, cuya síntesis había constituido el punto de partida de mis investigaciones sobre alcaloides del cornezuelo de centeno. La sustancia activa del *ololiuqui* llamada la amida del ácido lisérgico está químicamente muy emparentada con la dietilamida del ácido lisérgico (LSD), como puede indicarlo su designación incluso a los que no sean químicos.

La amida del ácido lisérgico había sido descrita por vez primera por los químicos ingleses S. Smith y G. M. Timmis como producto del desdoblamiento de los alcaloides del cornezuelo de centeno, y yo ya había sintetizado esta sustancia en el marco de las investigaciones de las que surgió el LSD. Sin embargo, entonces nadie sospechaba que este compuesto sintetizado en la retorta habría de encontrarse veinte años después como sustancia activa natural en una vieja droga mágica mexicana.

Después del descubrimiento de los efectos psíquicos del LSD había probado también la amida del ácido lisérgico mediante un autoensayo y comprobé que, aunque sólo en una dosis diez a veinte veces mayor que el LSD, también genera un estado onírico. Este estado se caracterizaba por un sentimiento de vacío espiritual y de irrealidad y sinsentido del mundo exterior, una mayor sensibilidad auditiva y un cansancio físico no desagradable que terminaba en sueño. El psiquiatra Dr. H. Solms confirmó este cuadro de acción de la LA 111, como se llamaba la amida del ácido lisérgico en su for ma de preparado experimental, mediante una investigación sistemática.

Al presentar en otoño de 1960 los hallazgos de nuestras investigaciones del ololiuqui en el congreso de sustancias naturales de la Unión Internacional para Química Pura y Aplicada (IUPAC), mis colegas profesionales reaccionaron con escepticismo. En las discusiones que siguieron a mi exposición se expresó la sospecha de que en mi laboratorio, en el que tanto se trabajaba con derivados del ácido lisérgico, se podrían haber contaminado involuntariamente los extractos del *ololiuqui* con trazas de estos compuestos.

Las dudas provenían de la presencia de alcaloides del cornezuelo de centeno, que hasta entonces se conocían sólo como sustancias contenidas en setas inferiores, en plantas superiores de la familia de las convolvuláceas, se contradecía con la experiencia de que determinadas sustancias son típicas de una familia de plantas determinada y están restringidas a ésta. Efectivamente, la presencia de un grupo de sustancias características, en este caso los alcaloides del cornezuelo de centeno, en dos secciones del reino vegetal muy distantes en cuanto a su desarrollo, es una excepción muy rara.

Sin embargo, nuestros resultados fueron confirmados cuando diversos laboratorios de Estados Unidos, Alemania y Holanda verificaron nuestras investigaciones de las semillas del *ololiuqui*. El escepticismo llegó tan lejos que se consideró la posibilidad de que las semillas pudieran estar infectadas con setas que producían alcaloides, aunque luego esta hipótesis se dejó de lado tras los primeros experimentos.

Pese a que sólo se habían publicado en revistas especializadas, estos trabajos sobre las sustancias activas de las semillas del ololiuqui tuvieron consecuencias inesperadas. Dos empresas mayoristas holandesas de semillas nos comunicaron que sus ventas de semillas de *ipomoea violácea,* la enredadera azul tan decorativa, se habían incrementado notablemente en los últimos tiempos. Además, había aparecido una clientela desacostumbrada. Se habían enterado de que la gran demanda estaba relacionada con investigaciones de estas semillas en nuestros laboratorios, y deseaban una información más detallada. Resultó que la nueva clientela provenía de círculos de *hippies* y otros sectores interesados en drogas alucinógenas. Se creía haber encontrado en las semillas del ololiuqui un sustituto del LSD, que era cada vez más difícilmente asequible.

Pero el *boom* de las semillas de campanillas duró relativamente poco tiempo, aparentemente como consecuencia de las experiencias no muy buenas que se hicieron con este estupefaciente nuevo y a la vez antiquísimo en el mundo de las drogas. Las semillas de ololiuqui, que se ingieren aplastadas y mezcladas con agua, leche u otra bebida, tienen un sabor muy malo y no se digieren bien. Además, los efectos químicos del ololiuqui son, de todos modos, distintos de los del LSD, al estar menos acentuado el componente eufórico y alucinógeno, y dominar en general los sentimientos de un vacío espiritual y a menudo de angustia y depresión. Es igualmente indeseable en un estupefaciente el efecto de laxitud y cansancio. Todos estos motivos deben de haber contribuido a que haya disminuido el interés por las semillas de las enredaderas en la escena de las drogas.

Hasta ahora se han realizado sólo pocas investigaciones para determinar si las sustancias activas del ololiuqui pueden encontrar una aplicación útil en la medicina. A mi juicio habría que aclarar, sobre todo, si el efecto fuertemente sedante, narcótico, de determinadas sustancias del *ololiuqui,* o de derivados químicos de las mismas, puede usarse con fines terapéuticos.

Con las investigaciones sobre el *ololiuqui,* mis trabajos en el terreno de las drogas alucinógenas quedaban redondeados de manera bella. Formaban ahora un círculo, podría decirse, un círculo mágico: el punto de partida fueron las investigaciones sobre la fabricación de amidas del ácido lisérgico del tipo del alcaloide natural del cornezuelo de centeno, la ergobasina. De allí llevaron a la síntesis de la dietilamida del ácido lisérgico, el LSD. Los trabajos con la sustancia activa alucinógena LSD condujeron al análisis de las setas milagrosas alucinógenas *teonanacatl,* de las que se aislaron como principios activos la psilocybina y la psilocina. El ocuparme en la droga mágica mexicana *teononacatl* me llevó al examen de una segunda droga mágica de México, el ololiuqui. En el ololiuqui se reencontraron como sustancias activas alucinógenas unas amidas del ácido lisérgico y entre ellas la ergobasina, con lo cual se cerró el círculo mágico.

10

La búsqueda de la planta mágica
Ska María Pastora

Gordon Wasson, con quien mantenía relaciones amistosas desde las investigaciones sobre las setas mágicas mexicanas, nos invitó a mi esposa y a mí en el otoño de 1962 para que participásemos en una expedición a México. El objetivo de la empresa era la búsqueda de otra planta mágica mexicana.

En sus viajes a través de las montañas del sur de México, Wasson se había enterado de que los mazatecas aplicaban en prácticas religioso-medicinales el jugo exprimido de las hojas de una planta, llamadas *hojas de la Pastora* u *hojas de María Pastora,* y, en mazateca, *Ska Pastora* o *Ska María Pastora.* Su empleo era parecido al de las setas del teonanacatl y al de las semillas del ololiuqui.

Se trataba de averiguar, pues, de qué planta provenían estas «hojas de la Pastora María», y de determinar botánicamente esta planta. Además teníamos la intención de reunir, si era posible, una cantidad suficiente de material de estas plantas que permitiera una investigación química de las sustancias activas alucinógenas que contenían.

Paseo a lomos de mula a través de la montaña mexicana

Con este fin mi esposa y yo volamos el 26 de septiembre de 1962 a Ciudad de México, donde nos encontramos con Gordon Wasson. Éste ya había hecho todos los preparativos para la expedición, de modo que al día siguiente ya pudimos iniciar el viaje hacia el sur. Se había unido a la excursión la señora Irmgard Johnson-Weitlaner, la viuda de Jean B. Johnson, uno de los pioneros del estudio etnográfico de las setas mágicas mexicanas, muerto en el desembarco de los aliados en África del Norte. Su padre, Robert J. Weitlaner, había emigrado de Austria a México y colaborado en el redescubrimiento del culto de las setas. La señora de Johnson trabajaba como experta en textiles indígenas en el Museo Etnológico Nacional de Ciudad de México.

Después de un viaje de dos horas en un Land Rover espacioso a través de la meseta, pasando al lado del Popocatepetl nevado, por Puebla, bajando al valle de Orizaba con su hermosa vegetación tropical, luego con una balsa cruzando el Popoloapán (río de las mariposas), siguiendo por la antigua guarnición azteca de Tuxtepec, llegamos al punto de partida de nuestra expedición, el pueblo mazateca Jalapa de Díaz, situado en una colina.

A nuestra llegada a la plaza del mercado en el centro de la población dispersada a lo lejos en el desierto, hubo un agolpamiento. Hombres viejos y jóvenes, que habían estado sentados o de pie en tabernas semiabiertas y en tiendas de ventas, se acercaron desconfiados, pero curiosos, a nuestro Land Rover, la mayoría de ellos descalzos, pero todos con sombrero. No se veían mujeres ni muchachas. Uno de los hombres nos dio a entender que lo siguiéramos. Nos condujo hasta la casa del alcalde del lugar, un mestizo obeso que tenía su despacho en una casa de una planta con techo de chapa ondulada. Gordon le mostró nuestros pases del gobierno civil y militar de Oaxaca, en los que se explicaba que nuestra estancia respondía a fines científicos. El alcalde, que probablemente no sabía leer, estaba visiblemente impresionado por los documentos de gran tamaño, provistos de sellos oficiales. Nos hizo asignar un alojamiento en un espacioso granero.

Di una vuelta por el pueblo. Casi fantasmales se alzaban las ruinas de una iglesia grande, antaño seguramente muy hermosa, de la época colonial, en la parte del pueblo que se elevaba sobre una ladera. Ahora vi también mujeres que, con sus vestidos largos, blancos, con bordados rojos, y con sus trenzas de pelo negro azulado, asomaban temerosas de sus chozas para observar a los extraños.

Nos dieron de comer en casa de una vieja mazateca que comandaba a una joven cocinera y a dos ayudantes. Vivía en una de las típicas chozas mazatecas. Se trata de construcciones rectangulares simples con tejados a dos aguas de paja y muros de pilares de madera enfilados, sin ventanas; los huecos entre los pilares ofrecen suficientes posibilidades para mirar hacia afuera. En el centro de la choza, en el suelo de barro apisonado, se encuentra un hogar abierto, construido con barro disecado o con piedras y elevado. El humo sale por grandes aberturas en las paredes debajo de ambas cumbreras. Como lechos usan unas esteras de librillo que se encuentran en un rincón o a lo largo de las paredes. La choza se comparte con los animales caseros, con cerdos negros, pavos y pollos. Nos dieron de comer pollo frito, habas negras y, en vez de pan, una tortilla de harina de maíz. Bebimos cerveza y tequila, un aguardiente de agaves.

A la madrugada siguiente se formó nuestro grupo para la cabalgata a través de la Sierra Mazateca. De la caballeriza del pueblo se habían alquilado varias mulas, así como un grupo de acompañantes. Guadalupe, el mazateca que conocía los caminos, asumió la conducción en el animal de guía. Gordon, Irmgard, mi esposa y yo fuimos en el medio, montados en nuestras mulas. El final de la columna la formaban Teodosio y Pedro, llamado Chico, dos muchachos que iban a pie al lado de las dos mulas que llevaban nuestro equipaje.

Pasó un rato hasta que pudimos acostumbrarnos a las duras sillas de madera. Pero luego esta forma de transporte resultó la mejor manera de viajar que he conocido. Las mulas seguían al animal guía una tras otra con paso regular. No necesitaban ninguna indicación por parte del jinete. Con una habilidad sorprendente elegían los mejores pasos del sendero mal transitable, en parte rocoso, en parte pantanoso, y que a veces cruzaba arroyos y seguía por laderas escarpadas. Liberados de toda preocupación por el camino podíamos dedicar toda nuestra atención a la belleza del paisaje y de la vegetación tropical: selva virgen con árboles gigantescos rodeados de lianas, luego claros con arboledas de plátanos o plantaciones de café entre grupos de árboles aislados, y flores a la vera del camino, sobre las que bailoteaban unas mariposas bellísimas. Hacía mucho calor y el aire estaba húmedo. Ya subiendo, ya bajando, nuestro camino siguió a lo largo del ancho lecho del río Santo Domingo valle arriba. De pronto, un fuerte chaparrón tropical, del cual nos protegieron muy bien los largos y amplios ponchos de hule de que nos había provisto Gordon. Nuestra compañía india se protegió del chaparrón con hojas enormes con forma de corazón, que cortaron velozmente en la orilla del camino. Teodosio y Chico parecían grandes langostas verdes cuando corrían cubiertos con hojas al lado de sus mulas.

Ya comenzaba a oscurecer cuando llegamos a la primera población, a la finca «La Providencia». El patrón, don Joaquín

García, cabeza de una familia numerosa, nos recibió hospitalario y digno.

Gordon y yo colocamos nuestros sacos de dormir al aire libre debajo del sobrelecho. A la mañana siguiente me desperté cuando un cerdo gruñó sobre mi cara.

Después de otro día de viaje en los lomos de nuestras fieles mulas llegamos al poblado mazateca de Ayautla, muy repartido en la ladera de una colina. En el camino me habían deleitado en los matorrales los cálices azules de la enredadera *ipomoea violácea,* la planta madre de las negras semillas de ololiuqui. Aquí crece salvajemente, mientras que en nuestros jardines se la conoce sólo como planta de adorno.

En Ayautla nos quedamos varios días. Nos alojábamos en la casa de doña Donata Sosa de García. Doña Donata llevaba la voz cantante en una gran familia, y también se le sometía su enfermizo esposo. Además dirigía las plantaciones de café de la región. En un edificio vecino estaba el sitio de recolección de los granos de café recién cosechados. Era un cuadro bonito ver a las jóvenes indias con sus vestidos claros, adornados con bordados de colores, cuando regresaban al anochecer de la cosecha llevando los sacos de café en la espalda y sujetados con cintas en la frente.

A la noche, a la luz de la vela, doña Donata, que además del mazateca hablaba el castellano, nos contaba de la vida en el pueblo. En cada una de esas chozas, que parecían tan tranquilas, se había desarrollado ya una tragedia. En la casa de al lado, que ahora estaba vacía, había vivido un hombre que había asesinado a su mujer y que ahora cumplía cadena perpetua. Un yerno de doña Donata, que tenía una relación con otra mujer, había sido asesinado por celos. El alcalde de Ayautla, un joven mestizo hercúleo, ante quien nos habíamos presentado a la mañana, sólo se atrevía a andar el corto trecho de su choza a su «oficina» en la casa comunal con techo acanalado en compañía de dos hombres fuertemente armados. Tenía miedo de que lo fusilaran, pues exigía pagos ilegales.

Gracias a las buenas relaciones de doña Donata obtuvimos de una anciana las primeras muestras de la planta buscada, unas hojas de la Pastora. Pero como faltaban las flores y las raíces, no era todavía un material adecuado para la determinación botánica. Tampoco tuvieron éxito nuestros esfuerzos en averiguar dónde crecía esta planta y cómo se utilizaba en esta región.

Después de dos días de cabalgata, habiendo pernoctado en el pueblecito de montaña de San Miguel Huautla, situado a gran altura, llegamos a Río Santiago. Aquí se nos agregó doña Herlinda Martínez Cid, una maestra de Huautla de Jiménez. Había venido a caballo por invitación de Gordon Wasson, quien la conocía de sus expediciones anteriores, para que actuara de intérprete mazateco-castellana. Además podía ayudarnos a iniciar contactos con curanderos y curanderas que utilizaran las hojas de la Pastora, por intermedio de sus numerosos parientes repartidos en esa región. Debido a nuestro retraso en llegar a Río Santiago, doña Herlinda, que conocía los peligros de la zona, había estado preocupada por nosotros y temido que pudiéramos habernos despeñado o haber sido asaltados por ladrones.

Nuestra estación siguiente fue San José Tenango, situado en un valle profundo; un poblado en medio de vegetación tropical, con naranjos, limoneros y platanares. Aquí, de nuevo el típico cuadro de pueblo: en el centro una plaza de mercado con una iglesia semiderruida de la época colonial, dos o tres tabernas, una tienda de ramos generales y cobertizos para caballos y mulas.

En la ladera del monte descubrimos en la densa selva virgen una fuente, cuya hermosa agua fresca invitaba a bañarse en una piscina natural en las rocas. Fue un goce inolvidable, después de tantos días sin poder lavarnos con comodidad. En esta gruta vi por primera vez a un colibrí en medio de la naturaleza, una joya que centelleaba con un azul verdoso metálico y mariposeaba entre las flores de las lianas que formaban el techo de hojas.

Con la ayuda de las relaciones de parentesco de doña Herlinda se produjo el contacto con curanderos, por ejemplo, con don Sabino. Pero éste, por motivos poco claros, se negó a recibirnos para una consulta de las hojas. Una curandera vieja, muy respetable, con un vestido mazateca de una belleza fuera de lo común, quien respondía al nombre de Natividad Rosa, nos regaló todo un ramo de ejemplares en flor de la planta buscada, pero tampoco ella aceptó realizar la ceremonia con las hojas para nosotros. Alegó que estaba demasiado vieja para el esfuerzo del viaje mágico, en el que habría que recorrer largos caminos a determinados sitios: a un manantial en el que las mujeres sabias reúnen sus fuerzas, a un lago en el que cantan los gorriones y en el que las cosas obtienen su nombre. Natividad Rosa tampoco nos reveló dónde había recogido las hojas. Dijo que crecían en un valle boscoso muy, muy lejano, y que, donde quitaba una planta, ponía un grano de café en la tierra, como agradecimiento a los dioses.

Teníamos ahora plantas enteras, con flores y raíces, adecuadas para la determinación botánica. Se trataba evidentemente de un representante de la especie *salvia,* pariente del conocido amaro. Esta planta tiene flores azules coronadas por un casco blanco, ordenadas en una espiga de unos 20 a 30 centímetros de largo y cuyo pedúnculo acaba azul.

Al día siguiente Natividad Rosa nos trajo toda una cesta llena de hojas, por las que nos cobró cincuenta pesos. El negocio parecía haberse difundido, pues otras dos mujeres nos trajeron ahora más hojas. Como sabíamos que en la ceremonia se bebe el jugo exprimido de las hojas y que, por tanto, es éste el que debe de contener el principio activo, exprimimos las hojas secas en un mortero y las estrujamos luego sobre un paño. El jugo, diluido con alcohol como conservante, lo colocamos en botellas, para que pudiera analizarse más adelante en el laboratorio de Basilea. En esta tarea nos ayudó una niña india, acostumbrada a usar el *metate* o mortero de piedra con el que los indios muelen el maíz desde tiempos inmemoriales.

Una ceremonia de salvia

El día antes de partir, cuando ya habíamos abandonado la esperanza de poder asistir a una ceremonia, pudo establecerse un contacto con una curandera que estaba dispuesta «a servirnos». Un hombre de confianza de la parentela de Herminda, que había promovido este contacto, nos llevó al caer la noche por un sendero secreto a la choza de la curandera, situada más arriba del poblado, en la ladera de la montaña. Nadie del pueblo debía vernos o enterarse de que éramos recibidos en esa choza solitaria. Evidentemente se consideraba una tradición punible hacer participar a extraños, a blancos, de los usos y costumbres sagrados. Ése debe de haber sido también el verdadero motivo por el que los demás curanderos se habían negado a permitirnos el acceso a una ceremonia con las hojas de María Pastora.

Durante nuestro ascenso nos acompañaron en la oscuridad unos extraños cantos de pájaros y ladridos de perros por todas partes.

La curandera, Consuela García, una mujer de unos cuarenta años, descalza como todas las indias en esta zona, nos hizo entrar recelosa en su choza y en seguida obstruyó la entrada con pesados maderos. Nos mandó acostarnos en las esteras de librillo en el suelo de barro apisonado. Herlinda traducía las instrucciones de Consuela, que sólo hablaba mazateca. En una mesa, en la que además de todo tipo de trastos había también algunas estampas de santos, la curandera encendió una vela. Luego comenzó a maniobrar silenciosa y diligente. De pronto hubo unos ruidos extraños y un traqueteo en el cuarto... ¿Había algún extraño oculto en la choza, cuyas dimensiones y ángulos no podían reconocerse a la luz de la vela? Visiblemente intranquila, Consuela recorrió el recinto con la vela. Pero parecían haber sido únicamente ratas que cometían sus abusos. A continuación la curandera encendió una fuente de copal, una resina parecida al incienso, cuyo aroma pronto llenó todo el ambiente. Luego preparó prolijamente el filtro mágico. Consuela preguntó quiénes de nosotros queríamos beber con ella. Gordon levantó la mano. Yo no podía participar porque padecía un fuerte malestar estomacal. Me reemplazó mi esposa. La curandera preparó para sí misma seis pares de hojas. El mismo número le asignó a Gordon. Anita recibió tres pares. Igual que con las setas, las dosis siempre se dan a pares, lo cual debe de tener un significado mágico. Las hojas fueron estrujadas con el *metate* y luego exprimidas a través de un colador fino; el jugo caía en un vaso. Luego se enjuagaron el *metate* y el contenido del colador con agua. Finalmente las copas llenas fueron ahumadas con un gran ceremonial sobre la pila de copal. Consuelo, antes de alcanzarles sus vasos a Anita y a Gordon, les preguntó si creían en la verdad y en el carácter sagrado de la ceremonia. Después de que lo hubieron confirmado y bebido solemnemente el filtro muy amargo, se apagó la vela. Acostados en las esteras de librillo, a oscuras, aguardábamos los efectos.

Unos veinte minutos más tarde Anita me susurró que veía extrañas formaciones con un borde claro. También Gordon sentía el efecto de la droga. De la oscuridad resonaba la voz de la curandera, mitad hablando, mitad cantando. Herlinda tradujo al castellano: si creíamos en la santidad de los ritos y en la sangre de Cristo. Después de nuestro «creemos» prosiguió la ceremonia. La curandera encendió la vela, la colocó en el suelo delante del «altar», cantó y rezó oraciones o fórmulas mágicas, y colocó la vela nuevamente debajo de las estampas de santos. De nuevo, oscuridad y silencio. Luego comenzó la verdadera consulta. Consuela nos preguntó cuáles eran nuestros deseos. Gordon quiso saber cómo estaba su hija, que poco antes de que él viajara había debido ser internada en una clínica de Nueva York (su hija estaba por tener un niño, pero el internamiento había sido prematuro). Obtuvo la respuesta tranquilizadora de que la madre y el niño se encontraban bien. Nuevos cantos y oraciones y manipulaciones con la vela en el «altar» y en el suelo sobre la pila de sahumerio.

Al terminar la ceremonia, la curandera nos invitó a descansar un rato más en nuestras esteras de librillo. De pronto estalló una tormenta. A través de las rendijas de las paredes de maderos la luz de los relámpagos resplandecía en la oscuridad de la choza, acompañada de pavorosos truenos, mientras un aguacero tropical golpeaba con furia en el techo. Consuelo expresó su preocupación de que no pudiéramos abandonar su choza en la oscuridad, sin ser vistos. Pero la tormenta se calmó antes de la madrugada, y bajamos al valle con la luz de nuestras linternas haciendo el menor ruido posible para llegar a nuestra barraca de chapa ondulada. Los habitantes del poblado no advirtieron nuestra presencia, aunque los perros ladraban por doquier.

La participación en esta ceremonia fue el punto culminante de nuestra expedición. Nos confirmó que los indios utilizaban las hojas de la Pastora con el mismo fin y en el mismo marco ceremonial que el teonanacatl, las setas sagradas. Además, ahora teníamos suficientes plantas auténticas, no sólo para la determinación botánica, sino también para el planeado análisis químico. El estado de embriaguez que habían experimentado Gordon Wasson y mi esposa con las hojas había sido poco profundo y de corta duración, pero su carácter era indiscutiblemente alucinógeno.

A la mañana siguiente, después de esta noche llena de aventuras, nos despedimos de San José Tenango. El guía Guadalupe y los muchachos Teodosio y Pedro aparecieron con las mulas delante de nuestra barraca a la hora establecida. Pronto habíamos hecho nuestros paquetes y comido, y luego nuestro grupo comenzó a moverse nuevamente valle arriba a través del paisaje feraz y resplandeciente de sol después del chubasco nocturno. Pasamos por Santiago y llegamos al atardecer a nuestra última estación en el país de los mazatecas, a su pueblo principal Huautla de Jiménez.

Desde aquí habíamos previsto el regreso a Ciudad de México en automóvil. Con una última cena conjunta en la entonces única posada de Huautla, llamada Rosaura, nos despedimos de nuestra escolta india y de las buenas mulas que nos habían llevado tan segura y agradablemente a través de la Sierra Mazateca.

Al día siguiente ofrecimos nuestros respetos a la curandera María Sabina, que se había hecho famosa por las publicaciones de Wasson. Había sido en su choza donde en 1955 éste había probado las setas sagradas en el marco de una ceremonia nocturna, seguramente el primer hombre blanco que lo hacía. Gordon y María Sabina se saludaron cordialmente como viejos amigos. La curandera vivía alejada en la cuesta de la montaña por arriba de Huautla. La casa en la que había tenido lugar la histórica sesión con Gordon Wasson ha-

bía sido incendiada, probablemente por habitantes enfureci-
dos o por un colega envidioso porque ella había revelado el
secreto del teonanacatl a un extraño. En la choza nueva en la
que nos encontrábamos ahora reinaba un desorden inimaginable, probablemente igual que el que había habido en su
choza anterior. Iban corriendo niños semidesnudos, pollos y
cerdos por la casa. La vieja curandera tenía un rostro inteli-
gente y con expresiones sumamente cambiantes. Se notó que
le impresionó nuestra afirmación de que habíamos logrado
retener el espíritu de las setas en pastillas, y de inmediato se
declaró dispuesta a «servirnos» con estas pastillas, es decir, a
concedernos una consulta. Apalabramos que ésta tendría lugar a la noche siguiente en la casa de doña Herlinda.

En el curso del día di un paseo por Huautla de Jiménez,
que se extiende a lo largo de una calle principal en la ladera
de la montaña. Luego acompañé a Gordon en su visita al Instituto Nacional Indigenista. Esta organización estatal tiene la
tarea de estudiar los problemas de la población nativa, es decir, de los indios, y ayudarles a resolverlos. Su director nos informó sobre las dificultades que había en ese momento en el
sector de la política del café. El alcalde de Huautla, que, en
colaboración con el Instituto Nacional Indigenista, había intentado lograr un precio más ventajoso para los productores
indios de café mediante la supresión de la intermediación,
había sido asesinado en junio de ese año. Su cadáver había sido mutilado.

En nuestro paseo llegamos también a la iglesia catedral,
de la que salía un canto gregoriano. El anciano padre Ara-
gón, con quien Gordon había hecho amistad en sus estancias anteriores, nos invitó a beber una copa de tequila en la
sacristía.

Una ceremonia de setas

Cuando volvimos a la casa de Herlinda, ya había llegado María Sabina con una compañía numerosa: sus dos bonitas hijas Apolonia y Aurora, dos curanderas novicias y una sobrina; todas ellas además venían con niños. Cuando el niño de Apolonia se ponía a llorar, ella le daba el pecho una y otra vez. Al final apareció también el viejo curandero don Aurelio, un hombre imponente, tuerto, con un *serape* (abrigo) de dibujos negros y blancos. En la veranda sirvieron cacao y pasteles dulces. Recordé el informe de una antigua crónica, en la que se cuenta que antes de la ingestión de teonanacatl se bebía *chocolatl*.

Al anochecer nos dirigimos todos a la habitación en la que iba a tener lugar la ceremonia. Se cerró la habitación bloqueando la puerta con la única tabla de madera que había. Se dejó sin cerrojo únicamente una salida de emergencia hacia el jardín trasero para las necesidades inevitables. Ya era cerca de la medianoche cuando comenzó la ceremonia. Hasta ese momento toda la gente había estado aguardando los acontecimientos por venir, durmiendo o expectante en las esteras repartidas en el suelo en medio de la oscuridad. De cuando en cuando María Sabina arrojaba un trozo de copal a la brasa de una pila de carbón, con lo cual el aire viciado del abarrotado cuarto se volvía un poco más soportable. Por intermedio de Herlinda, que de nuevo participaba como intérprete, le había dicho a la curandera que cada píldora contenía el espíritu de dos pares de setas (eran comprimidos con 5 miligramos de psilocybina sintética).

Cuando llegó el momento, María Sabina repartió –previa ahumación solemne– pares de pastillas a los adultos presentes. Ella misma cogió dos pares, que correspondían a 20 mg de psilocybina. Les dio la misma dosis a su hija Apolonia, que

también debía oficiar de curandera, y a don Aurelio. A Aurora le dio un par, igual que a Gordon, mientras que mi esposa e Irmgard tomaron cada una una sola pastilla.

A mí una de las niñas, una muchacha de unos diez años,
me había preparado, según las instrucciones de María Sabina,
el jugo prensado de cinco pares de hojas frescas de María
Pastora. Quería yo recuperar esta experiencia que se me había escapado en San José Tenango. Dicen que la pócima es
especialmente eficaz cuando la prepara un niño inocente. La
copa con el jugo también fue ahumada, y María Sabina y
don Aurelio pronunciaron unas palabras antes de dármela.

Todos estos preparativos y la ceremonia misma transcu-
rrieron de un modo muy parecido al de la consulta a la curandera Consuela García en San José Tenango.

Una vez repartida la droga y apagada la vela en el «altar»,
se esperó el efecto a oscuras.

Apenas transcurrida media hora, la curandera comenzó a
murmurar; y también sus hijas y don Aurelio se intranquilizaron. Herlinda tradujo y nos explicó lo que pasaba. María Sabina había dicho que a las pildoras les faltaba el espíritu de la
seta. Comenté la situación con Gordon, quien yacía a mi lado. Nos resultaba obvio que la resorción de la sustancia activa de las pastillas, que tienen que disolverse en el estómago,
tarda más que cuando se mastican las setas, con lo cual una
parte de la sustancia activa se asimila a través de la mucosa bu-
cal. Pero ¿cómo podíamos presentar en semejante situación
una explicación científica? En vez de explicar, decidimos actuar. Repartimos pildoras adicionales. Las dos curanderas y el
curandero recibieron cada uno un par más. Ahora habían ingerido una dosis total de 30 mg de psilocybina.

Unos diez minutos después comenzó a desplegarse efectivamente el espíritu de la pastilla; su acción se prolongó hasta la madrugada. Las oraciones y el canto de María Sabina era

contestados apasionadamente por sus hijas y por don Aurelio, con su voz grave. Los quejidos lánguidos y voluptuosos de Apolonia y Aurora daban la impresión de que la experiencia religiosa de las jóvenes durante la embriaguez estaba conectada con sensaciones sexo-sensuales.

En el centro de la ceremonia se produjo la pregunta de María Sabina respecto de nuestra consulta. Gordon volvió a inquirir sobre la salud de su hija y su nieto. Obtuvo la misma respuesta positiva que la de la curandera Consuela. Efectivamente, madre e hijo se encontraban bien cuando Gordon regresó a Nueva York, lo cual, desde luego, no constituye ninguna demostración de los poderes proféticos de las dos curanderas.

Probablemente a consecuencia de los efectos de las hojas, un rato me encontré en un estado de hipersensibilidad y de un experimentar con intensidad las cosas, pero sin que estuviera acompañado por alucinaciones. Anette, Irmgard y Gordon vivieron un estado de embriaguez eufórica, codeterminada por la atmósfera extraña y mística. Mi esposa se quedó impresionada con la visión de unos determinados dibujos de líneas extrañas.

Más sorprendida y turbada estuvo cuando vio luego esas mismas figuras en los ricos adornos sobre el altar de una antigua iglesia cerca de Puebla. Ello ocurrió durante el regreso a Ciudad de México, cuando visitamos iglesias de la época colonial. Estas iglesias son especialmente interesantes desde una perspectiva histórico-cultural porque los artesanos y artistas indios que colaboraron en su construcción introdujeron de contrabando elementos estilísticos indios. Sobre una posible influencia del arte indio en América Central debido a las visiones de la embriaguez de psilocybina, Klaus Thomas, en su libro *Die künstlich gesteurte Seele* [El alma artificialmente dirigida], escribe: «Una mera comparación, desde el punto de vista de la historia del arte, de las antiguas y nuevas creaciones artísticas de los indios, ha de convencer al observador desprejuiciado [...] de su coincidencia con las imágenes, formas y colores de una embriaguez de psilocybina». Esta relación podrían indicarla también el carácter mexicano de las escenas que vi en mi primer ensayo con *psilocybe mexicana* disecada, así como el dibujo de Li Gelpke después de una embriaguez de psilocybina.

Al clarear la mañana, cuando nos despedimos de María Sabina y su clan, la curandera señaló que las píldoras tenían la misma fuerza que las setas, y que no había ninguna diferencia. Esto fue una confirmación, y del sector más competente en la materia, de que la psilocybina sintética es idéntica al producto natural. Como regalo de despedida le regalé a María Sabina un frasquito con pastillas de psilocybina. A lo cual le declaró radiante a nuestra intérprete Herlinda que ahora podría atender consultas también en los períodos en los que no hubiera setas.

¿Cómo debemos evaluar el comportamiento de la curandera María Sabina, que permitió el acceso a la ceremonia secreta a un extraño, al hombre blanco, y le hizo probar la seta sagrada?

Es meritorio que con ello haya abierto las puertas a la investigación del culto de la seta mexicana en su forma actual y al estudio botánico y químico de las setas sagradas. De aquí ha surgido una sustancia activa valiosa, la psilocybina. Sin esta ayuda, quizás, o muy probablemente, este saber antiquísimo y las experiencias ocultas en estas prácticas secretas habrían desaparecido en la civilización occidental sin dejar rastros ni dar frutos al progreso que iba penetrando.

Desde otro punto de vista, la conducta de esta curandera puede considerarse una profanación de usos y costumbres sagradas, incluso una traición. Una parte de sus compatriotas tuvo esa opinión, lo cual se tradujo en acciones de venganza y, como decíamos, en el incendio de su choza.

La profanación del culto de las setas no se detuvo en la investigación científica. Las publicaciones sobre las setas mágicas produjeron una invasión de *hippies* y drogadictos al país de los mazatecas. Muchos extranjeros se comportaron muy mal y algunos incluso de forma criminal. Otra consecuencia desagradable fue el surgimiento de un verdadero turismo a Huautla de Jiménez, con lo cual se destruyó en gran medida el carácter original y primitivo del pueblo.

Estas comprobaciones y consideraciones rigen para la mayoría de las investigaciones etnográficas. Dondequiera que los investigadores y científicos busquen y esclarezcan los restos cada vez más escasos de antiguos usos y costumbres, se pierde su originalidad. Esta pérdida se ve únicamente compensada hasta cierto punto, cuando el resultado de la investigación constituye una ganancia cultural duradera.

De Huautla de Jiménez fuimos primero en un viaje en camión sumamente peligroso a Teotitlán, por un camino parcialmente desmoronado. De allí seguimos a Ciudad de México en un cómodo viaje en automóvil. Así llegamos al punto de partida de nuestra expedición, en la que perdí algunos kilos de peso, pero gané experiencias y conocimientos imponderables.

La determinación botánica de las muestras de hojas de la Pastora en el Instituto Botánico de la Universidad de Harvard en Cambridge (Estados Unidos), llevada a cabo por Cari Epling y Carlos D. Játiva dio por resultado que se trataba de una variedad no descrita hasta entonces de la especie salvia, y que estos autores denominaron *salvia divinorum*.

La investigación química del jugo exprimido de la salvia mágica en el laboratorio de Basilea no tuvo éxito. El principio psicoactivo de esta droga parece ser una sustancia poco estable, pues al probar el jugo, que habíamos traído de México conservado en alcohol, en un autoensayo, ya no produjo ningún efecto.

En lo que respecta a la naturaleza química de las sustancias activas, el problema de la planta mágica *Ska María Pastora* aún aguarda su solución.

11

La irradiación de Ernst Jünger

En este libro he descrito hasta ahora sobre todo mi trabajo científico y hechos conectados con mi actividad laboral. Sin embargo, la naturaleza misma de este trabajo tuvo repercusiones en mi propia vida y seguramente también en mi personalidad, tal vez porque me relacionó con contemporáneos interesantes e importantes. He mencionado ya a algunos de ellos: Timothy Leary, Rudolf Gelpke, Gordon Wasson. En las páginas siguientes quiero abandonar la discreción del científico y narrar encuentros que devinieron significativos para mí y me impulsaron al dominio de los problemas que me planteaban las sustancias por mí descubiertas.

Primeros contactos con Ernst Jünger

«Irradiación» es un término que expresa muy bien la manera en que influyeron en mí la obra literaria y la personalidad de Ernst Jünger. A través de su modo de mirar, que capta estereoscópicamente la superficie y la profundidad de las cosas, el mundo adquirió para mí un brillo nuevo y translúcido. Esto ocurrió mucho tiempo antes del descubrimiento del LSD, y antes de que, en conexión con drogas alucinógenas, me relacionara personalmente con este autor. Desde hace cuarenta años releo una y otra vez el libro de Jünger *El corazón aventurero* en su primera y segunda versión. Aquí se me descubrió la belleza y magia de la prosa de Jünger: descripciones de flores, sueños, paseos solitarios, pensamientos sobre el azar, la suerte, los colores y otros temas que guardan una relación inmediata con nuestra vida personal. En cada página se volvía visible lo maravilloso de la creación y se tocaba lo único e imperecedero que hay en cada ser humano a través de la descripción precisa de la superficie y el traslucir de las profundidades. Ningún otro poeta me ha abierto tanto los ojos.

También se hablaba de drogas en *El corazón aventurero*. Pero pasaron muchos años antes de que, después del descubrimiento de los efectos psíquicos del LSD, comenzara a interesarme especialmente por este tema.

Mi relación epistolar con Ernst Jünger tampoco nació bajo el signo de las drogas, puesto que le escribí por primera vez en calidad de lector agradecido con motivo de su cumpleaños:

Bottmingen, 29 de marzo de 1947

Estimado Sr. Jünger:
Desde hace muchos años me considero dichosamente obsequiado por usted. Por eso le quería enviar hoy, día de su cumpleaños, un pote de miel. Pero esta alegría no me fue posible, porque mi solicitud de exportación ha sido rechazada en Berna.
    El envío no estaba pensado como un saludo de un país en el que todavía manan leche y miel, sino más bien como resonancia a las frases mágicas de su libro *Sobre los acantilados de mármol* en las que se habla de las «zumbadoras doradas» […].

El libro aquí mencionado se publicó en 1939, poco antes del estallido de la Segunda Guerra Mundial. *Sobre los acanti-*

lados de mármol no sólo es una obra maestra de la prosa alemana; también es significativa porque en ella la figura del ti-
rano y los horrores de la guerra y de las noches de bombar-
deos se anticipan en poética visión.

En el curso de nuestra correspondencia Ernst Jünger
también se informó sobre mis trabajos relativos al LSD, de los
que se había enterado gracias a un amigo. Le envié entonces
las publicaciones correspondientes, a las que se refirió con el
comentario siguiente:

Kirchhorst, 3-3-1948

[...] junto con los dos textos sobre su nuevo *phan-tasticum.* De
verdad parece haber ingresado usted en campos en los que se
esconde más de un misterio.

Su envío llegó junto con una nueva traducción de las *Confesiones de un inglés comedor de opio.* El autor me escribe que le
motivó la lectura de *El corazón aventurero.*

En lo que a mí respecta, he tenido los estudios prácticos
hace tiempo. Se trata de experimentos en los que, tarde o temprano, se ingresa en ámbitos bastante peligrosos y uno puede
estar contento si sale más o menos bien librado.

Lo que me ocupaba sobre todo era la relación de estas sustancias con la producción artística. Pero tuve la experiencia de
que el trabajo creador exige una conciencia despierta, y que
ésta se debilita cuando está bajo el influjo de las drogas. La
concepción es, en cambio, significativa, y se alcanzan penetraciones que de otro modo no deben de ser posibles. Entre estas penetraciones sitúo también el bello estudio que Maupass-
sant escribió sobre el éter. Dicho sea de paso, también con
fiebre he tenido la impresión de que se descubren nuevos pai-

---

4. «An der Zollstation» [En la aduana], título de una sección de *El corazón
aventurero.*

sajes y nuevos archipiélagos, una música nueva que se vuelve totalmente evidente cuando aparece la «aduana».[4] Para la descripción geográfica, en cambio, hay que estar plenamente consciente. Lo que para el artista es la producción artística, es la curación para el médico. Por eso también debe de bastarle que ingrese algunas veces en los ámbitos, atravesando el papel pintado, que nuestros sentidos han tejido. De paso, creo percibir en nuestra época no tanto una tendencia a los *phantastica* como a los *energetica,* entre los que se halla el pervitin, que incluso los ejércitos entregaron a sus aviadores y a otros combatientes. A mi juicio el té es un *phantasticun,* el café un *energeticum...* por eso, el té posee un rango de sensibilidad artística incomparablemente mayor. Con el café me doy cuenta de que destruye la tenue red de luz y sombras, las dudas fructíferas que se presentan mientras se escribe una oración. Uno aplasta sus inhibiciones. Con el té, por el contrario, los pensamientos se van engarzando de modo genuino.

En cuanto a mis «estudios», tenía un manuscrito al respecto, pero lo he quemado. Mis excursiones finalizaron en el hachís, que lleva a estados muy agradables, pero también a estados maníacos, a la tiranía oriental [...].

Poco después, por una carta de Ernst Jünger, me enteré de que en su novela *Heliópolis,* en la que estaba trabajando, había insertado una digresión acerca de las drogas. Sobre un investigador de drogas que aparecía allí, Jünger me escribió:

[...] Entre las excursiones a los mundos geográficos y metafísicos que intento describir, hay también la de un hombre netamente sedentario, quien explora los archipiélagos allende los mares recorridos usando como medio de transporte las drogas. Doy extractos de sus diarios de navegación. Desde luego, no puedo permitir que este Colón del globo interno termine bien [...], muere intoxicado. *Avis au lecteur.* *

*Advertencia al lector. [En francés en el original.]

El libro, que se publicó al año siguiente, lleva el subtítulo de *Visión retrospectiva de una ciudad,* una ciudad del futuro en la que la tecnología y las armas, en un sentido mágico, están aún más desarrolladas que en nuestro presente, y en la que tienen lugar luchas por el poder entre un tecnócrata demoníaco y una fuerza conservadora. En la figura de Antonio Peri, Jünger describe al citado investigador de las drogas, quien moraba en el casco antiguo de la ciudad de Heliópolis:

[...] Cazaba sueños, como otros cazan mariposas con redes. Los domingos y días festivos no viajaba a las islas ni visitaba las tabernas en la playa de Pagos. Se encerraba en su gabinete para realizar sus excursiones a las regiones oníricas. Decía que todos los países e islas desconocidas estaban entretejidas en el papel pintado. Las drogas le servían de llave para ingresar en las cámaras y cuevas de ese mundo. Con el correr de los años había obtenido grandes conocimientos, y llevaba también un diario de navegación sobre sus viajes. En este gabinete había también una pequeña biblioteca; los libros eran herbarios e informes medicinales, pero también obras de poetas y magos. Antonio solía leerlos mientras se desarrollaba el efecto de las drogas [...]. En el universo de su cerebro emprendía viajes de descubrimientos [...].

En el centro de esta biblioteca, saqueada por los sicarios del gobernador al detener a Antonio Peri, estaban

los grandes animadores del siglo XIX: de Quincey, E. Th. A. Hoffmann, Poe y Baudelaire. Pero otros llevaban más atrás, a herbarios, escritos de magia negra y demonologías del mundo medieval. Se agrupaban alrededor de los nombres de san Alberto Magno, Ramón Llull y Agrippa ab Nettesheym [...]. Al lado se encontraba el infolio de Wierus *De Praestigüs Daemonum* y las muy extrañas compilaciones del médico Wekkerus, editadas en Basilea en 1582 [...].

En otra parte de su colección, Antonio Peri parecía haber fijado su vista sobre todo

en antiguas farmacologías, libros de recetas y de medicamentos, y haber ido a la caza de separatas de revistas y anales. Se encontraron, entre otros, un antiguo mamotreto de psicólogos de Heidelberg sobre el extracto del botón de mezcal y un trabajo de Hofmann-Bottmingen sobre los *phantastica* del cornezuelo de centeno [...].

El mismo año en que se publicó *Heliópolis* conocí a su autor personalmente.

El primer viaje

Dos años después, a principios de febrero de 1951, se produjo la gran aventura, una experiencia de LSD con Ernst Jünger. Como en ese momento sólo había informes sobre experimentos con LSD en conexión con problemas psiquiátricos, este ensayo me interesaba sobremanera, porque aquí se ofrecía la oportunidad de observar los efectos del LSD, en un marco no médico, en un hombre dotado de una gran sensibilidad artística. Eso fue aún antes de que Aldous Huxley comenzara a experimentar desde la misma perspectiva con la mescalina, sobre lo cual informó posteriormente en sus libros *Las puertas de la percepción* y *Heaven and Hell* [El Cielo y el Infierno].

Para que en caso de necesidad pudiéramos gozar de asistencia médica, le pedí a mi amigo, el médico y farmacólogo profesor Heribert Konzett, que participara en nuestra empresa. El ensayo tuvo lugar a las diez de la mañana en la sala de nuestra casa en Bottmingen. Como no podía preverse la reacción de una persona tan sensible como Ernst Jünger, para este primer ensayo se eligió por precaución una dosis baja, de sólo 0,05 miligramos. El experimento no condujo, en consecuencia, a grandes profundidades.

La fase inicial se caracterizó por la intensificación de las vivencias estéticas. Unas rosas rojo-violetas adquirieron una luminosidad insospechada y relumbraron con un brillo significativo. El concierto para flauta y arpa de Mozart fue sentido en su belleza supraterrenal como música celestial. Con sorpresa compartida observamos los velos de humo que ascendían con la facilidad de pensamientos de un palillo de incienso japonés. Cuando la embriaguez se profundizó y cesó la conversación, llegamos a ensoñaciones fantásticas mientras seguíamos sentados en nuestros sillones con los ojos cerrados. Jünger gozó del policromatismo de unos cuadros orientales; yo estuve de viaje con unas tribus bereberes de África del Norte, y vi caravanas de colores y oasis frondosos. Konzett, cuyos rasgos me parecían transfigurados a lo Buda, vivía un hábito de intemporalidad, la liberación del pasado y el futuro y la felicidad de un pleno ser aquí y ahora.

El regreso de la situación de conciencia alterada se vio acompañada de una fuerte sensación de frío. Viajeros con frío, nos envolvimos en mantas para aterrizar. La llegada al ser familiar fue celebrada con una buena cena, en la que el vino borgoña corrió en abundancia.

Esta excursión se caracterizó por la comunidad y el paralelismo de lo vivido, cosa que sentimos como muy feliz. Los tres nos habíamos acercado a la puerta de la experiencia mística del ser; pero ésta no llegó a abrirse. La dosis había sido demasiado pequeña. Desconocedor de este motivo, Ernst Jünger, quien con mescalina en dosis altas había llegado a experiencias mucho más profundas, me observó: «Comparado con el tigre mescalina, su LSD no es más que un gatito». Después de experimentos con dosis elevadas de LSD, se retractó de ese juicio.

Jünger elaboró literariamente el mencionado espectáculo de los «palitos de incienso» en su narración *Visita a Godenholm*, en la que intervienen experiencias profundas de la embriaguez de las drogas:

[...] Para purificar el aire, Schwartzenberg quemaba una varilla de incienso. Un hilo azul se elevaba desde el borde del candelero. Moltner lo miró primero con sorpresa, luego con deleite, como si le hubiera tocado en suerte un nuevo poder visual. En este poder se descubrían los juegos de este humo aromático, que se elevaba en un tallo delgado, y luego se ramificaba en una tenue copa. Era como si lo hubiera creado su imaginación [...]. Un pálido tejido de lirio marino en profundidades que apenas temblaban con los golpes de la rompiente. El tiempo era activo en esa formación: la había estriado, arremolinado, caracolado, como si monedas imaginadas fueran apilándose de prisa. La multiplicidad del espacio se revelaba en la estructura fibrosa, en los nervios que tensaban el hilo en número ingente y se desplcgaban en las alturas.

Ahora una brisa tocaba la visión y la giraba ágilmente alrededor de un eje, como una bailarina. Moltner lanzó un grito de sorpresa. Los rayos y las rejas de la flor mágica convergían hacia nuevas llanuras, en nuevos campos. Miríadas de moléculas se doblegaban ante la armonía. Aquí las leyes no se cumplían ya bajo el velo de la aparición; la tela era tan sutil e ingrávida, que la reflejaba abierta. Cuán fácil y compulsivo era todo esto. Los números, pesos y medidas sobresalían de la materia. Se despojaron de sus vestimentas. Ni una diosa podría haberse manifestado más osada y libremente al iniciado. Las pirámides, con su gravedad, no alcanzaban esta revelación. Este brillo era pitagórico [...].

Ningún espectáculo le había arrebatado jamás con semejante hechizo [...].

Esta vivencia en el ámbito estético, como se describe aquí en el ejemplo de la contemplación del velo de humo azul, es típica de la fase inicial de la embriaguez de LSD, antes de que surjan modificaciones más profundas de la conciencia.

En los años siguientes solía visitar a Ernst Jünger en Wilflingen, adonde se había trasladado de Ravensburgo, o nos encontrábamos en Suiza, en mi casa en Bottmingen (cerca de Basilea) o en Bündnerland. La común experiencia de LSD había estrechado nuestras relaciones. En conversaciones y en nuestra correspondencia las drogas y sus problemas anejos eran el tema principal, sin que de momento volviéramos a los experimentos prácticos.

Intercambiamos bibliografía sobre drogas. Así, Jünger me dejó para mi biblioteca sobre drogas la monografía rara y valiosa del Dr. Ernst, barón de Bibra, *Die Narkotischen Genussmittel und der Mensch* [Los estimulantes narcóticos y el hombre], impresa en Núremberg en 1855. Este libro es una obra pionera y clásica de la literatura sobre drogas, una fuente de primer orden, sobre todo en lo que se refiere a la historia de las drogas. Lo que Bibra reúne bajo la denominación de «estimulantes narcóticos», no son sólo sustancias como el opio y el estramonio, sino también el café, el tabaco, el *kath,* que no se incluyen en el concepto actual de «narcóticos», igual que la coca, la oronja falsa y el hachís, también descritos por este autor.

Son notables y tan actuales como entonces las consideraciones generales sobre las drogas formuladas por Bibra hace más de ciento cincuenta años:

[…] El individuo aislado que ha tomado demasiado hachís y ahora corre enfurecido por las calles asaltando a cualquiera con quien se encuentre, no cuenta frente al gran número de los que, después de comer, pasan unas horas felices y agradables con una dosis prudente; asimismo, el número de los que son capaces de superar las más duras tareas gracias a la coca, los que así, quizá, se han salvado de la muerte por inanición, supera con mucho el número de los pocos coqueros que han socavado su salud con un uso inmoderado. Del mismo modo sólo una mal aplicada hipocresía puede condenar la copa quitapenas del viejo padre Noé porque algunos borrachos no sepan medirse [...].

Yo a Jünger le contaba siempre cosas actuales y amenas en el terreno de las drogas, como por ejemplo en mi carta de septiembre de 1955:

[...] La semana pasada han llegado los primeros 200 g de una nueva droga cuya investigación quiero iniciar. Se trata de las semillas de una mimosa *(Piptadenia peregrina Benth.)*, que los indios del Orinoco utilizan como estimulante. Las semillas se trituran, se fermentan y luego se mezclan con la harina de conchas de caracoles quemados. Los indios aspiran este polvo con un hueso de pájaro hueco y ahorquillado, como ya lo relata Alexander von Humboldt en *Del Orinoco al Amazonas: viaje a las regiones equinocciales del Nuevo Continente* (libro 8, capítulo 24). Esta droga, llamada *niopo, yupa, ñopo* o *cojoba,* la emplea sobre todo, hasta el día de hoy en gran escala, la tribu guerrera de los otomacos. En la monografía de P. J. Gumilla *El Orinoco Ilustrado* (1741) se dice: «Los otomacos aspiraban el polvo antes de entrar en guerra con los caribes, pues en tiempos antiguos hubo guerras salvajes entre estas tribus [...]. Esta droga les enloquece por completo, y les hace empuñar furiosos las armas. Y si las mujeres no fueran tan hábiles para retenerles y atarles, a diario cometerían terribles destrozos. Es un vicio terrible [...]. Otras tribus, de buen natural y más pacíficas, que también aspiran la yupa, no se enfurecen como los otomacos, quienes por esta droga se autolaceraban hasta sangrar y marchaban frenéticos al combate».

Tengo curiosidad por saber cómo actuaría el niopo sobre uno de nosotros. Si alguna vez pudiéramos organizar una sesión de niopo, de ningún modo deberíamos alejar a nuestras esposas como en la ensoñación preprimaveral (me refiero a la sesión de LSD de febrero de 1951), para que, llegado el caso, puedan atarnos [...].

El análisis químico de esta droga llevó a aislar sustancias activas que, como los alcaloides del cornezuelo de centeno y la psilocybina, pertenecen al grupo de los alcaloides del indol, pero que ya estaban descritas en la bibliografía especializada, por lo cual no siguieron analizándose en los laboratorios Sandoz. Los efectos fantásticos arriba reseñados parecen darse sólo cuando se utiliza el niopo aspirándolo; además dependen, sin duda, del carácter psíquico de las tribus indias en cuestión.

Problemática de las drogas

En el siguiente intercambio epistolar se trataron problemas fundamentales de las drogas:

Bottmingen, 16-12-1961

Por una parte tendría muchas ganas de seguir investigando personalmente la aplicación de las sustancias activas alucinógenas como drogas mágicas en otros ámbitos, además de realizar su estudio científico y químico-farmacológico [...].
Por otra parte debo confesar que me preocupa mucho la cuestión principal de si el empleo de este tipo de drogas, es decir, de sustancias que tienen efectos tan profundos, no constituye de por sí un cruce de frontera ilícito. Mientras se ofrezca a nuestras vivencias, mediante alguna sustancia o método, sólo algún aspecto nuevo y adicional de la realidad, seguramente nada cabe objetar a tales medios; al contrario, pues experimentar y conocer más facetas de *la* realidad nos la vuelve

más real. Pero se plantea la cuestión de si las drogas puestas aquí en tela de juicio y que tienen efectos muy profundos efectivamente sólo nos abren una ventana adicional a nuestros sentidos y sensaciones, o si el propio observador, su naturaleza más íntima, sufren alteraciones. Esto último significaría que se altera algo que a mi juicio debería quedar siempre ileso. Mi insistencia se refiere a la cuestión de si nuestra naturaleza más íntima es verdaderamente inatacable y no puede ser lesionada por lo que ocurra en sus cáscaras materiales, físico-químicas, biológicas y psíquicas [...] o si la materia bajo la forma de estas drogas desarrolla una potencia que puede atacar el centro espiritual de la personalidad, la mismidad. Ello se podría explicar con que la acción de las drogas mágicas tenga lugar en una superficie límite, en la que la materia se continúa en el espíritu y viceversa, y con que estas sustancias mágicas sean ellas mismas puntos de fractura en el reino infinito de lo material, en los que la profundidad de la materia, su parentesco con el espíritu, se revelen de un modo especialmente evidente. Esto podría expresarse con la siguiente variación de una conocida poesía de Goethe:

Si la cualidad del ojo no fuera la del sol,
el sol jamás podría verlo;
si en la materia no estuviera la fuerza del espíritu,
¿cómo podría la materia enajenar el espíritu?

Esto correspondería a puntos de fractura que forman las sustancias radiactivas en el sistema periódico de los elementos, en los que el tránsito de la materia a la energía se vuelve manifiesto. Por cierto, también en el aprovechamiento de la energía atómica se plantea la cuestión de un cruce ilícito de frontera.

Otro razonamiento que me intranquiliza es el que se refiere al libre albedrío en relación con la influenciabilidad de las más elevadas funciones mentales por trazas de una sustancia.

Las sustancias activas altamente psicotrópicas, como el LSD y la psilocybina, tienen en su estructura química un parentesco muy estrecho con sustancias que existen en el cuerpo, que se presentan en el sistema nervioso central y cumplen un papel importante en la regulación de sus funciones. Es dable pensar, por tanto, que por alguna perturbación en el metabolismo se forme, en vez de la neurohormona normal, algún compuesto del tipo del LSD o de la psilocybina que pueda modificar y determinar el carácter de la personalidad, su visión del mundo y su actuar. Una traza de una sustancia, cuya formación o no formación no podemos determinar con nuestra voluntad, puede forjar nuestro destino. Tales consideraciones bioquímicas podrían haber llevado a la frase que Gottfried Benn cita en su ensayo *Provoziertes Leben* [Vida provocada]: ¡Dios es una sustancia, una droga!

A la inversa es un hecho demostrado que los pensamientos y sentimientos hacen que en nuestro organismo se formen o se liberen sustancias como la adrenalina que, a su vez, determinan las funciones del sistema nervioso. Puede suponerse, por consiguiente, que nuestro organismo material puede verse influenciado y formado por nuestro espíritu del mismo modo que nuestro quimismo lo hace con nuestra naturaleza espiritual. Cuál es el factor primario, supongo que podrá resolverse tan pronto como el problema de quién fue primero, el huevo o la gallina.

Pese a mi intranquilidad respecto de los peligros principales que entraña la aplicación de sustancias alucinógenas, he proseguido la investigación de los principios activos de la enredadera mágica mexicana sobre la que alguna vez le escribí brevemente. En las semillas de esta planta que los antiguos aztecas denominaban *ololiuqui* hemos encontrado sustancias activas que son derivados del ácido lisérgico muy emparentados con el LSD. Fue un hallazgo casi increíble. Desde siempre me han entusiasmado las enredaderas. Fueron las primeras flores que cultivé yo mismo en mi jardincito cuando niño.

Hace poco leí en una obra de D. T. Suzuki titulada *El zen y la cultura japonesa* que en Japón la enredadera tiene un papel muy importante entre los amantes de las flores, en la literatura y en el arte. Su breve esplendor le ha servido de rico estímulo a la fantasía japonesa. Suzuki cita, entre otros, un terceto de la poetisa Chiyo (1702-1775), que una mañana fue a buscar agua a la casa de sus vecinos porque

> *Mi tina está apresada por*
> *una enredadera, por eso*
> *pido agua.*

La enredadera muestra pues ambos caminos posibles de cómo influir en el ser de espíritu y cuerpo llamado hombre: en México despliega sus efectos químicos como droga mágica, y en el Japón actúa desde el plano espiritual a través de la belleza de sus cálices.

Jünger me contestó el 27 de diciembre de 1961:

[...] le agradezco su extensa carta del 16 de diciembre. He meditado sobre la cuestión central y seguramente me ocuparé de ella con motivo de la revisión de *An der Zeitmauer* [En el muro del tiempo]. Allí insinué que tanto en el terreno de la física como en el de la biología estamos comenzando a desarrollar procedimientos que ya no pueden tomarse como progresos en el sentido tradicional, pues intervienen en la evolución y van más allá del desarrollo de la especie. Sin embargo, vuelvo el guante al suponer que es una nueva era de la Tierra la que comienza a actuar sobre la evolución de los tipos. Nuestra ciencia, con sus teorías e inventos, no es, por tanto, la causa, sino una de las consecuencias de la evolución. Han sido tocados simultáneamente los animales, las plantas, la atmósfera y la superficie del planeta. No recorremos puntos de un segmento, sino una línea [...]. De todos modos, el riesgo que usted señala es digno de considerarse. Pero existe en toda la línea de nuestra existencia. El denominador común aparece a veces aquí, otras allí.

Al mencionar la radiactividad usted emplea la expresión «punto de fractura». Los puntos de fractura no son sólo yacimientos, sino también discontinuidades. Comparada con el efecto de las radiaciones, la acción de las drogas mágicas es más genuina y mucho menos grave. Trasciende lo humano, pero de manera clásica. Gurdjeff ha visto algunas cuestiones al respecto. El vino ya ha modificado numerosas cosas, ha conducido a nuevos dioses y a una nueva humanidad. Pero el vino guarda con estas drogas la misma relación que la física clásica con la moderna. Estas cosas sólo deberían probarse en círculos restringidos. No puedo adherirme al pensamiento de Huxley de que aquí se podría dar a las masas posibilidades de trascendencia. Pues no se trata de ficciones consoladoras, sino de realidades, si tomamos la cuestión en serio. Y para ello bastan pocos contactos para colocar vías y cables. Esto trasciende incluso la teología y pertenece al capítulo de la teogonía, en cuanto pertenece necesariamente al ingreso en una nueva casa en sentido astrológico. Por ahora nos podemos contentar con esta conclusión, y sobre todo deberíamos ser cuidadosos con las denominaciones.

También le agradezco mucho la bonita fotografía de la enredadera azul. Parece ser la misma que cultivo año tras año en mi jardín. No sabía que poseyera poderes específicos; pero eso seguramente ocurre con todas las plantas. En la mayoría de ellas no conocemos la clave. Además, debe de haber un punto central, a partir del cual se vuelvan significativos no sólo el quimismo, la estructura, el color, sino todas las propiedades [...].

Experimentos con psilocybina

Estas discusiones teóricas sobre las drogas mágicas se completaron con experiencias prácticas. Una de ellas, que sirvió para comparar el LSD con la psilocybina, tuvo lugar en la primavera de 1962. La ocasión propicia se presentó en la casa de los Jünger, en la antigua superintendencia de montes y plantíos del castillo de Stauffenberg en Wilflingen. En este simposio de setas participaron también mis ya mencionados amigos Konzett y Gelpke.

En las antiguas crónicas se describe que los aztecas bebían *chocolatl* antes de comer el teonanacatl. Del mismo modo, y para animarnos, la señora Liselotte Jünger nos sirvió chocolate caliente. Luego abandonó a los cuatro hombres a su suerte.

Nos hallábamos en un cuarto aristocrático con un techo de madera oscura, una estufa de cerámica blanca y muebles de estilo. En las paredes había viejos grabados franceses, y un hermoso ramo de tulipanes engalanaba la mesa. Jünger vestía un traje largo, amplio, a rayas azules y semejante a un caftán, que había traído de Egipto; Konzett ostentaba un vestido mandarín con bordaduras de colores; Gelpke y yo nos habíamos puesto batas de andar por casa. Lo cotidiano debía quedar de lado también en las exterioridades.

Tomamos la droga poco antes de la puesta de sol, no las setas, sino su principio activo, veinte miligramos de psilocybina por persona. Ello equivalía a unas dos terceras partes de la dosis más fuerte que solía ingerir la curandera María Sabina en forma de setas.

Una hora después yo todavía no sentía ningún efecto, mientras que mis colegas ya habían iniciado un vigoroso viaje a la profundidad. Tenía la esperanza de que pudiera revivir en la embriaguez de las setas ciertas imágenes de mi niñez que me han quedado en la memoria como experiencias dichosas: el prado con margaritas, levemente onduladas por el viento de comienzos del verano, el rosal en la hora del crepúsculo después de la tormenta, los gladiolos azules sobre el muro de la viña. En vez de estas imágenes hermosas de los paisajes de la niñez aparecieron unas escenas muy extrañas cuando las setas finalmente comenzaron a actuar. Semiadormecido me hundí más y atravesé ciudades abandonadas de estilo mexicano y una belleza exótica pero muerta. Asustado, intenté aferrarme a la superficie y concentrarme despierto en el mundo exterior, en el entorno. Lo lograba a ratos. Luego vi a Jünger paseando por el cuarto; era un gigante, un mago poderoso y enorme. Konzelt en su bata de seda brillante me parecía un peligroso payaso chino. También Gelpke me resultaba siniestro, alto, delgado, enigmático.

Cuanto más me hundía en la embriaguez, más extraño se volvía todo. Yo mismo me resultaba extraño. Inquietante, frío, sin sentido, yermo: así era cada sitio que atravesaba, sumergido en una luz muerta cuando cerraba los ojos. Vaciado de sentido, fantasmagórico, me parecía el entorno cuando los abría e intentaba aferrarme al mundo exterior. El vacío total amenazaba arrastrarme a la nada absoluta. Recuerdo que cuando Gelpke pasó al lado de mi sillón, me así de su brazo para no hundirme en la oscura nada. Tuve un miedo mortal y una añoranza infinita de regresar a la realidad del mundo de los hombres. Por fin fui retornando lentamente al cuarto. Vi y oí disertar ininterrumpidamente al gran mago, con una voz clara y potente, sobre Schopenhauer, Kant, Hegel y la vieja Gea, la madrecita. También Konzett y Gelpke habían vuelto hacía tiempo totalmente a la tierra, en la que ahora lograba reasentarme a duras penas.

Para mí esta incursión en el mundo de las setas había sido una prueba, una confrontación con un mundo muerto y con el vacío. El ensayo no había seguido el curso esperado. Pero también el encuentro con la nada es beneficioso. Luego resulta tanto más maravilloso el hecho de que exista la creación.

Ya era después de medianoche cuando nos sentamos a la mesa que había puesto la señora de Jünger en el piso de arriba. Celebramos el regreso con una excelente cena y música de Mozart. La charla sobre nuestras experiencias duró hasta la madrugada.

En 1970 se publicó el libro *Acercamientos: drogas y ebriedad* de Ernst Jünger. En su capítulo «Un simposio con setas», Jünger describió sus experiencias de aquella noche. He aquí un extracto:

Como de costumbre, transcurrió media hora o un poco más en silencio. Luego se presentaron los primeros síntomas: las flores en la mesa comenzaron a relumbrar y a desprender relámpagos. Había terminado la jornada; afuera se estaba barriendo la calle, como todos los fines de semana. El barrido penetraba lacerante en el silencio. Este rascar y barrer, a veces también un arañar, alborotar y martillar, tiene motivos casuales y es a la vez sintomático como uno de los signos que anuncian una enfermedad. También tiene siempre un papel en la historia de los exorcismos [...].

Ahora comenzó a actuar la seta; el ramo primaveral brillaba más intensamente, ésa no era una luz natural. En los rincones se movían las sombras, como si éstas buscaran una forma. Me sentí oprimido y tuve frío, pese al calor que irradiaban los azulejos. Me acosté en el sofá y me eché la manta sobre la cara. Todo era piel y era tocado, también la retina: allí el contacto se convertía en luz. Esta luz era polícroma; se ordenaba en cordeles que se balanceaban suavemente, y en hilos de abalorios de entradas orientales. Forman puertas, como las que se atraviesan en los sueños, cortinas de la lujuria y el peligro. El viento las mueve como un vestido. También se caen de los cintos de las bailarinas, se abren y se cierran al compás de sus caderas, y de las perlas manan tonos sutilísimos hacia los sentidos aguzados. El tintineo de los aros de plata en los grillos y muñecas es ya demasiado fuerte. Hay olor a transpiración, a sangre, a tabaco, a orines cortadas, a aceite de rosas barato. Quién sabe qué estarán haciendo en los corrales.

Debió de haber sido un enorme palacio mauritano, un lugar malo. Con este salón de baile se conectaban cuartos laterales, series de habitaciones que llegan hasta el subsuelo. Y por todas partes las cortinas con su centelleo, su relumbrar [...], su brillo radiactivo. El goteo de instrumentos de vidrio con su seducción, su requiebro sensual: «¿Quieres, niño majo, venir conmigo?». Ya terminaba, ya recomenzaba, más confiado, insistente, casi seguro de la aprobación.

Ahora venían cosas modeladas: *collages* históricos, la voz humana, el cantar del cucú. ¿Era la puta de Santa Lucía, la que colgaba sus pechos por la ventana? Luego la paga había desaparecido como por arte de birlibirloque. Salomé danzaba; el collar de ámbar chisporroteaba y al balancearse erigía los pezones. ¿Hay algo que no se haga por su Juan? Maldito sea, eso era una obscenidad que no provenía de mí; había atravesado la cortina.

Las serpientes estaban llenas de heces, apenas vivas reptaban perezosas por los felpudos. Estaban tachonadas de añicos de brillante. Otras asomaban del cielorraso con ojos rojos y verdes. Todo rielaba y chispeaba como minúsculas hoces filosas. Luego el silencio, y una nueva oferta, más impertinente. Me tenían en sus manos. «Entonces nos comprendíamos de inmediato.»

Madame atravesó la cortina; estaba ocupada; pasó a mi lado sin mirarme. Vi las botas con los tacones rojos. Unas ligas ataban los gordos muslos en la mitad; la carne colgaba por encima. Los pechos inmensos, el delta oscuro del Amazonas, papagayos, pirañas, piedras semipreciosas por doquier.

Ahora ella entraba a la cocina, ¿o había más sótanos aquí? Ya no podía distinguirse el brillar y el murmurar, el susurrar y el rielar; era como si se concentrara, con gran júbilo, expectante.

Hacía un calor insufrible; quité la manta. La habitación estaba apenas iluminada; el farmacólogo estaba de pie junto a la ventana, con una bata blanca de mandarín, que hace poco me había servido en Rottweil en el baile de carnaval. El orientalista estaba sentado al lado de la estufa de cerámica; suspiraba como si tuviera pesadillas. Me daba cuenta: había sido una hornada, y pronto volvería a comenzar. El tiempo todavía no estaba cumplido. A la madrecita la había visto anteriormente. Pero también los excrementos son tierra y, como el oro, se cuenta entre las metamorfosis. Con eso hay que contentarse, mientras no se salga del acercamiento.

Ésas fueron las setas. El grano oscuro que brota de la era encierra más luz, y más aún el verde zumo de los suculentos en las ardientes pendientes de México [...].

El viaje había salido mal [...], quizá debía de probar más setas. Pero ya volvía el murmurar y cuchichear, los relámpagos y destellos. El hombre arrastraba el pescado detrás de sí. Una vez dado el motivo, se registra como en el cilindro: la nueva hornada, el nuevo giro repite la melodía. El juego no abandona la mala racha.

No sé cuántas veces se repitió, ni quiero desarrollarlo. Hay cosas que uno prefiere guardarse para sí. De todos modos había pasado la medianoche [...].

Subimos; estaba puesta la mesa. Los sentidos todavía estaban aguzados y abiertos: «Las puertas de la percepción». El vino rojo de la jarra derramaba luz, y un anillo de espuma se rompía contra el borde. Escuchamos un concierto para flauta. Los demás no habían tenido más suerte. «Qué agradable, volver a estar entre los hombres.» Así se expresó Albert Hofmann...

El orientalista, en cambio, había estado en Samarcanda, donde Timur descansa en un ataúd de nefrita. Había seguido al cortejo triunfal a través de ciudades cuyo regalo de bodas a la entrada era una caldera llena de ojos. Allí había estado parado largo tiempo ante una de las pirámides de calaveras erigidas para atemorizar al pueblo, y en la masa de cabezas cortadas había reconocido también la suya, que tenía incrustaciones de piedras.

El farmacólogo señaló: «Ahora comprendo por qué estaba usted sentado en el sillón sin su cabeza; me sorprendí; no puedo haberme equivocado». Me pregunto si no debiera tachar este detalle, porque cumple con los requisitos de los cuentos de aparecidos.

A los cuatro, la sustancia de las setas no nos había llevado a alturas luminosas, sino a regiones subterráneas. Parece que en la mayoría de los casos la embriaguez de psilocybina tiene un carácter más tétrico que la de LSD. La influencia que ejercen estas sustancias activas sin duda varían de persona en persona. En mi caso hubo más luz en los experimentos con LSD que en los ensayos con la seta, como apunta también Ernst Jünger para su caso en el informe citado.

Otra experiencia con LSD

La siguiente y última irrupción en el cosmos interior en compañía de Ernst Jünger, esta vez de nuevo con LSD, nos alejó mucho de la conciencia cotidiana. Se convirtió en una «aproximación» significativa a la última puerta. Según Ernst Jünger, ésta sólo se nos abrirá en el Gran Tránsito de la vida a las regiones del más allá.

Este último ensayo común tuvo nuevamente por escenario la superintendencia de bosques de Wilflingen en febrero de 1970. Esta vez sólo estábamos él y yo. Jünger tomó 0,5, y yo 0,10 miligramos de LSD. Luego publicó el «diario de navegación», las notas que tomó durante el experimento, sin comentario en *Acercamientos: drogas y ebriedad*. Son escasas e, igual que las mías, le dicen muy poco al lector.

El ensayo duró desde la mañana, después del desayuno, hasta el anochecer. El concierto para flauta y arpa de Mozart, que siempre me hace muy feliz y que resonó al comienzo del ensayo, esta vez lo viví extrañamente como «el mero girar de figuras de porcelana». Luego la embriaguez condujo rápidamente a simas silenciosas. Cuando quise describirle a Jünger las desconcertantes modificaciones que había experimentado mi conciencia, no logré avanzar más de dos o tres palabras por lo falsas e inadecuadas a la vivencia que me parecían. Sentí que provenían de un mundo infinitamente lejano que se había vuelto extraño, por lo cual renuncié a mi propósito sonriendo sin esperanzas. Evidentemente, a Jünger le sucedía lo mismo; pero no necesitábamos del lenguaje; bastaba una mirada para obtener un entendimiento sin palabras. Sin embargo, pude verter en el papel algunos fragmentos de oraciones. Muy al comienzo: «Nuestra barca se mueve mucho». Luego, al contemplar los libros de lujosa encuadenación en la biblioteca: «como el oro rojo empuja de dentro hacia fuera, transpirando áureo resplandor». Afuera comenzaba a nevar. En la calle pasaban niños con máscaras y carros de carnaval tirados por tractores. Al mirar a través de la ventana al jardín, en el que había copos de nieve, sobre el alto muro de circunvalación aparecieron máscaras de colores embutidas en un tono azul que daba una dicha infinita: «un jardín de Brueghel [...], vivo *con* y *en* las cosas». Más tarde: «Este tiempo [...] no hay conexión con el mundo vivido». Hacia el final, el reconocimiento consolador: «Hasta ahora, confirmado en mi camino». Esta vez, el LSD había llevado a una aproximación feliz.

12

Encuentro con Aldous Huxley

Hacia mediados de la década de los cincuenta se publicaron dos libros de Aldous Huxley, *Las puertas de la percepción* y *Heaven and Hell* [El Cielo y el Infierno], en los que se ocupa sobre todo del estado de embriaguez provocado por las drogas alucinógenas. En ambos se describen magistralmente los cambios en las percepciones sensoriales y en la conciencia que el autor experimentó en un autoensayo con mescalina. Para Huxley el experimento con mescalina se convirtió en una experiencia visionaria. Vio las cosas desde otro punto de vista: le revelaron su ser propio e intemporal, que queda oculto a la mirada cotidiana.

Ambos libros contienen consideraciones fundamentales sobre la naturaleza de la experiencia visionaria y la importancia de este tipo de captación del mundo en la historia de la cultura, en la formación de los mitos y de las religiones en el proceso artístico-creador. Huxley ve el valor de las drogas alucinógenas en el hecho de que permiten que personas que no posean el don de la contemplación visionaria espontánea, propia de los místicos, los santos y los grandes artistas, puedan experimentar ellos mismos estos extraordinarios estados de la conciencia. Esto, opina Huxley, llevaría a una comprensión más profunda de los contenidos religiosos o místicos y a una experiencia novedosa de las grandes obras de arte. Estas drogas son para él las llaves que permiten abrir nuevas puertas de la percepción, llaves químicas que coexisten con otros «abridores de puertas» consagrados pero más laboriosos, como la meditación, el aislamiento y el ayuno, o como ciertos ejercicios de yoga.

En aquel entonces yo ya conocía la obra anterior de este importante escritor. Dicho sea de paso, ya en su novela *Un mundo feliz*, publicada en 1932, cumplía un papel importante una droga psicotrópica que coloca a las personas en un estado eufórico y a la que llama «soma». En los dos nuevos escritos del autor hallé una interpretación significativa de la experiencia inducida por drogas y obtuve así una introspección más profunda de mis propios ensayos con LSD.

Por eso me vi agradablemente sorprendido al recibir en una mañana de agosto de 1961 en el laboratorio una llamada telefónica de Aldous Huxley. Estaba de paso en Zúrich con su esposa. Nos invitó a mí y a mi mujer para un *lunch* en el Hotel Sonnenberg.

Un *gentleman*, con una *fresia* amarilla en el ojal, un personaje alto, noble, que irradiaba bondad —así lo recuerdo en nuestro primer encuentro—. La conversación giró sobre todo en torno al problema de las drogas mágicas. Tanto Huxley como su esposa, Laura Huxley Archera, habían tenido experiencias con LSD y con psilocybina. Huxley habría preferido no llamar «drogas» (*drugs*) a estas sustancias y a la mescalina, porque en el uso lingüístico inglés, igual que en el alemán, la palabra «droga» está desacreditada y porque era importante diferenciar también en el terreno de la lengua a este tipo de sustancias activas de las otras drogas. Creía que en la actual fase del desarrollo de la humanidad, a los agentes que producen una experiencia visionaria les cabe una gran importancia. No le parecía que tuvieran mucho sentido los ensayos en condiciones de laboratorio, porque, con la receptividad y sensibilidad tan aumentada para las impresiones externas, el ambiente tendría una importancia decisiva. Al hablar de la tierra natal de mi esposa, la zona montañosa de Bündner, le recomendó ingerir LSD en una pradera de los Alpes y mirar luego dentro del cáliz azul de una genciana para contemplar allí el milagro de la creación.

Al despedirnos, Huxley me dejó como recuerdo una copia en cinta de su conferencia «Visionary Experience», que había dado una semana antes en un congreso internacional para psicología aplicada en Copenhague. En esa conferencia habló sobre la naturaleza y la significación de la experiencia visionaria, contraponiendo este tipo de visión del mundo a la captación verbal e intelectual de la realidad como su complemento necesario.

Al año siguiente se publicó un nuevo libro de Aldous Huxley, el último, la novela *La isla*. En ella se narra el intento de fusionar en la utópica isla de Pala las conquistas de las ciencias naturales y de la civilización técnica con la sabiduría oriental en una nueva cultura, en la que razón y mística estén unidas fructíferamente. En la vida de la población de Pala tiene un papel importante una droga mágica que se obtiene de una seta, la medicina *moksha* (redención, liberación). Su aplicación se limita a etapas decisivas de la vida. Los jóvenes de Pala la reciben en los ritos iniciáticos; se la dan al héroe de la novela en una crisis vital en el marco de una conversación psicoterapéutica con una persona anímicamente cercana a él; y a un moribundo le alivia el abandono del cuerpo terrenal y el tránsito al otro ser.

En nuestra conversación en Zúrich, Huxley me había dicho que volvería a tratar el problema de las drogas psicodélicas en su nueva novela. Ahora me envió un ejemplar de *La isla* con la siguiente dedicatoria manuscrita: «Al Dr. Albert

Hofmann, descubridor de la medicina *moksha,* de Aldous Huxley».

Las esperanzas puestas por Aldous Huxley en las drogas psicodélicas como auxiliar para provocar experiencias visionarias, y lo que habría que hacer con éstas en la vida cotidiana, se desprende de su carta del 29 de febrero de 1962, en la que me escribía:

> Tengo la esperanza de que éste y otros trabajos similares den como resultado el desarrollo de una verdadera Historia Natural de la experiencia visionaria, en todas sus variaciones, determinada por diferencias físicas, de temperamento y profesión, y, al mismo tiempo, una técnica de «misticismo aplicado», una técnica para ayudar a los individuos a obtener lo mejor de sus experiencias trascendentales y a aprovechar el uso de las visiones del «otro mundo» en los asuntos de «este mundo» (Meister Eckhart escribió: «Lo que se obtiene en la contemplación debe ser devuelto en el amor»). Esto es, en esencia, lo que debe desarrollarse: el arte de dar en amor e inteligencia lo que se obtiene de la visión y la experiencia de la autotrascendencia y la solidaridad con el Universo [...].

A finales del verano de 1963 me vi varias veces con Aldous Huxley en el congreso anual de la Academia Mundial de Artes y Ciencias (WAAS) en Estocolmo. Eran sus propuestas y aportaciones a la discusión en las sesiones de la academia las que, por forma y contenido, marcaron el curso de las tratativas.

El plan de fundación de la WAAS era la elaboración de un informe que recogiera los principales problemas mundiales a juicio de los especialistas más competentes en cada campo del conocimiento. Y ello en el marco de una asociación independiente de posturas ideológicas y religiosas, desde un punto de vista supranacional, universal. El objetivo era poner a disposición de los gobiernos responsables y de los organismos ejecutores los resultados, propuestas e ideas bajo la forma de publicaciones adecuadas.

El congreso anterior al de 1965 se había ocupado de la explosión demográfica y el agotamiento de las reservas de materias primas y recursos alimentarios de la Tierra. Las investigaciones y propuestas correspondientes se compendiaron en el volumen II de la WAAS bajo el título de *The Population Crisis and the Use of World Resources* [La crisis de la población y el uso de los recursos mundiales]. Una década antes de que el control de la natalidad, la protección del medio ambiente y la crisis energética se convirtieran en tópicos, en la WAAS se señalaron estos problemas mundiales y se proporcionaron propuestas de solución a los poderosos de esta Tierra. La evolución catastrófica en los campos mencionados revela la discrepancia trágica entre el reconocer, el querer y el poder.

En el congreso de Estocolmo, Aldous Huxley propuso, como continuación del tema acerca de los recursos mundiales, abordar el problema de los recursos humanos desde la óptica de la investigación y exploración de las capacidades ocultas y desaprovechadas del ser humano. Una humanidad con capacidades mentales más desarrolladas, con una conciencia más amplia de los milagros inasibles del ser, debería poder reconocer y observar mejor las bases biológicas y materiales de su existencia en la Tierra. Por eso —decía Huxley— tendría una gran importancia en la evolución desarrollar la capacidad de experimentar la realidad de manera directa, sin las distorsiones que producen las palabras y los conceptos, a través de los sentimientos, sobre todo en el hombre occidental con su racionalismo hipertrofiado. Entre otros, Huxley consideraba que las drogas psicodélicas podrían ser un auxiliar para la educación en este sentido. El psiquiatra´doctor

Humphry Osmond, quien también participaba en el congreso y había acuñado el término *psychedelic* (que despliega el alma), lo apoyó con un informe sobre las posibilidades de una aplicación adecuada de las drogas psicodélicas.

El congreso de Estocolmo fue mi último encuentro con Aldous Huxley. Su aspecto ya estaba marcado por su grave enfermedad, pero su irradiación espiritual seguía inalterada.

Aldous Huxley murió el 22 de noviembre del mismo año, el día que fue asesinado el presidente Kennedy. La señora Laura Huxley me envió una copia de su carta a Julian y Juliette Huxley, en la que informaba a su cuñado y a su cuñada sobre el último día de su esposo. Los médicos le habían anticipado un final dramático, porque en el cáncer de las vías respiratorias que Huxley padecía, la fase final suele conllevar espasmos y sofocos. Pero él falleció tranquilo.

Por la mañana, cuando estaba ya tan débil que no podía hablar, había escrito en un papel: «LSD [...] inténtalo [...] intramuscular [...] 100 mg». La señora Huxley entendió a qué se refería y le practicó ella misma la inyección; haciendo caso omiso de los escrúpulos del médico presente [...] le administró la medicina *moksha*.

13

Correspondencia con el médico-poeta
*Walter Vogt**

Entre los contactos personales que le debo al LSD se encuentra también mi amistad con el médico, psiquiatra y escritor Dr. Walter Vogt. Como mostrará el siguiente extracto de nuestro intercambio epistolar, no eran tanto los aspectos medicinales del LSD los que le interesaban al médico, sino más bien los efectos psicológicos profundos y las modificaciones de la conciencia que ocupaban al poeta, los que constituían el tema de nuestra correspondencia.

Muri-Berna, 22-11-70

Querido y apreciado señor Hofmann:

Esta noche he soñado que una familia amiga me había invitado a tomar el té en una confitería en Roma. Esta familia conocía también al Papa, quien estaba sentado con nosotros a

---

* Walter Vogt (1927-1988), médico de profesión, utilizó la enfermedad como elemento configurador de toda su producción literaria. Vogt experimentó en sí mismo con todo tipo de drogas, haciéndose, como paciente, protagonista de todas sus novelas. La fragilidad de los seres humanos y su lucha contra la enfermedad y la muerte recorre todos sus textos.

la misma mesa tomando el té. Estaba vestido todo de blanco y tenía asimismo una mitra blanca. Estaba sentado en paz y callaba.

Y de pronto se me ocurrió enviarle mi *Vogelauf den Tisch* («Pájaro en la mesa») −como tarjeta de visita, si le parece−, un libro que ha quedado un poco apócrifo, de lo cual, *réflexion faite,* ★ ni siquiera me lamento, pese a que el traductor italiano esté convencido de que es mi mejor libro (por cierto, el Papa también es italiano. So *it goes*...).★★

Tal vez le interese la obrita. La escribió en 1966 un autor que entonces no tenía la menor experiencia con sustancias psicodélicas, y que no comprendía los informes sobre experimentos médicos con estas drogas. Esto último apenas se ha modificado, sólo que la incomprensión tiene ahora otro origen.

Supongo que su descubrimiento ocasiona un hiato en mi obra (qué gran palabra), no precisamente una *Saulus-to-Paolus Conversion,* como dice Roland Fischer... a saber: lo que escribo se vuelve más realista o en todo caso, menos expresivo. De cualquier forma no habría logrado sin él el *cool* realismo de mi pieza de televisión *Spiele der Macht* [Juegos del poder]. Así lo atestiguan las distintas versiones, si es que éstas siguen circulando por algún sitio.

Si tuviera interés y tiempo para un encuentro, me gustaría mucho encontrarme alguna vez con usted para conversar.

W. V.

★ Pensándolo bien. [En francés en el original.]
★★ Así va... [En inglés en el original.]

Burg i. L., 28-11-1970

Querido señor Vogt:

El hecho de que el pájaro que vino volando a mi mesa haya encontrado el camino hasta aquí, se lo debo una vez más al poder mágico del LSD, en última instancia. Pronto podré escribir un libro sobre todas las consecuencias que me acarreó aquel experimento de 1943.

A. H.

13-3-1971

Querido señor Hofmann:

Incluyo una crítica de *Acercamientos: drogas y ebriedad* de Jünger, publicada en el diario; presumo que le interesará [...]. También a mí me parece que alucinar-soñar-escribir se oponen cada cual a la conciencia diurna y son funciones complementarias entre sí. Claro que puedo hablar únicamente de mí a ese respecto. En otras personas puede ser diferente; es bastante difícil hablar con otros sobre estas cosas, porque en realidad a menudo se hablan idiomas distintos [...].

[...] Dado que usted colecciona autógrafos y me brinda el honor de incluir una de mis cartas en su colección, le adjunto el manuscrito de mi «testamento», en el que juega un papel esencial su descubrimiento, «el único invento *alegre* del siglo XX» [...].

W. V.

el último testamento del dr. walter vogt de 1969
no quiero un entierro especial
sólo muchas orquídeas caras y obscenas
innúmeros pajarillos con nombres de colores
no danzas desnudas

pero
vestidos psicodélicos
altavoces en todas las esquinas y
nada más que el último disco de los beatles★
cien mil millones de veces
y
do what you like★★
en una cinta sin fin
y nada más
que un cristo popular con una
aureola de oro legítimo
y un querido cortejo fúnebre
que se llene de ácido★★★
till they go to heaven★★★★
one two three four five six seven
quizás nos encontremos allí

Dedicado cordialmente al
Dr. Albert Hofmann, en
el comienzo de la primavera
de 1971.

29-3-1971

Querido señor Vogt:

Usted me ha agraciado nuevamente con una bella carta y
con un autógrafo espléndido, el testamento de 1969 [...].

Unos sueños muy extraños de estas últimas semanas me
motivan a examinar una conexión entre la composición (quí-

  ★ *Abbey Road.*
  ★★ «Blind Faith».
 ★★★ Ácido = LSD.
★★★★ De *Abbey Road*, cara B.

mica) de la cena y la calidad de los sueños. Al fin y al cabo, el LSD también es algo que se come [...]

A. H.

4-5-1971

Querido señor Hofmann:

La cuestión del LSD parece avanzar. Ahora queremos constituir en el policlínico un «grupo de autoexperimentación», sin ambiciosos programas de investigación, lo cual me parece muy prudente [...]

Espero que el año que viene pueda tomarme medio año, en el policlínico, para dedicarlo íntegramente a la literatura. A toda costa debería escribir mis obras principales, sobre todo una cosa más larga en prosa, de la que tengo unos vagos perfiles [...]. En ella su descubrimiento tendrá un papel importante [...]

W. V.

5-9-1971

Querido señor Hofmann:

Durante el fin de semana, a orillas del lago Murten,[5] pensé a menudo en usted –radiantes días otoñales–. Ayer sábado, con una tableta de aspirina (por cefalea o gripe débil) sufrí un *flashback* muy extraño, como con mescalina (que tuve una única vez, y muy poca) [...].

He leído un divertido escrito de Wasson sobre hongos: divide a la gente en micófila y micófoba [...]. En el bosque de

5. Aquel domingo yo (A. H.) estaba volando en el globo de mi amigo E. I., quien me había llevado como pasajero, por encima del lago Murten.

su región debe de haber ahora bonitas oronjas falsas. ¿No deberíamos intentar? [...].

W. V.

7-9-1971

Querido señor Hofmann:

Debo escribirle brevemente qué hice debajo de su globo en el puentecillo soleado: por fin escribí unas notas sobre nuestra visita a Villars-sur-Olons (en casa del Dr. Leary); luego cruzó el lago una barca de *hippies,* de fabricación casera, como de una película de Fellini. La dibujé y encima pinté su globo [...].

W. V.

15-4-1972

Querido señor Vogt:

Su obra en la televisión, *Spiele der Macht,* me ha impresionado sobremanera [...].

Le felicito por esta pieza excelente, que lleva a la conciencia ciertos daños psíquicos; es decir, que, a su manera, también es «ampliadora de la conciencia», con lo cual puede resultar terapéutica en un sentido más elevado, igual que la tragedia antigua.

A. H.

19-5-1973

Querido señor Vogt:

He leído ya tres veces su prédica de lego, la descripción e interpretación de su *trip* del Sinaí [...].[6]

6. Walter Vogt: *Mein Sinai-Trip. Eine Laienpredigt* [Mi trip del Sinaí. Una prédica de lego], Editorial der Arche, Zúrich, 1972. Este escrito contiene el texto de una prédica de lego, que W.V. dio el 14 de noviembre de 1971 por in-

¿Verdad que era un *trip* de LSD[...]? Ha sido un acto de valentía elegir como tema de una prédica, aunque fuera una prédica de lego, un acontecimiento tan sospechoso como es una experiencia con drogas.

Sin embargo, en el fondo las cuestiones que plantean las drogas alucinógenas pertenecen a la Iglesia, en primer lugar a ella, pues son drogas sagradas (el *peyotl*, el *teonanacatl*, el *ololiuqui*, con los que el LSD guarda un estrechísimo parentesco químico-estructural y de modo de acción).

Estoy completamente de acuerdo con lo que dice en la introducción respecto de la actual religiosidad eclesiástica. Los tres estados de la conciencia (el estado despierto de un trabajo y un cumplimiento del deber ininterrumpidos, la embriaguez alcohólica, el sueño), la distinción entre las dos fases de la embriaguez psicodélica (la primera fase, la cima del *trip*, en la que se vive en dominios cósmicos, o en la sumersión en el propio cuerpo, dentro del cual está todo lo que existe; y la segunda fase, que puede designarse la fase de una comprensión más elevada de los símbolos), y la referencia a lo abierto del estado de conciencia causado por alucinógenos [...], todas éstas son observaciones de fundamental importancia para juzgar la embriaguez provocada por los alucinógenos.

La adquisición principal que obtuve con mis experimentos de LSD en el terreno de los conocimientos fue la vivencia del entrelazamiento indisoluble de lo físico y lo psíquico. «Cristo en la materia» (Theilhard de Chardin). ¿También us-

---

vitación del pastor Christoph Möhl en la iglesia protestante de Vaduz (Liechtenstein), en el marco de una serie de prédicas de escritores; la acompaña un epílogo del autor y del pastor que le había invitado.

Se trata de la descripción e interpretación de una experiencia estático-religiosa provocada por LSD que el autor quiere «colocar en una analogía lejana, superficial si se quiere, con respecto al gran *trip* del Sinaí de Moisés». No es sólo la «atmósfera de patriarcas» que trasuntan estas descripciones, sino referencias más profundas, que deben leerse más bien entre líneas, las que constituyen esta lejana analogía.

ted ha llegado sólo a través de sus experiencias con drogas a la conclusión de que debemos descender «en la carne que somos» para las nuevas profecías?

Una crítica a su prédica. Usted hace decir a Timothy Leary: «la experiencia más profunda que existe es que el reino de los cielos está dentro de ti». Esta oración, citada sin indicar la prioridad, podría interpretarse como si no se conociera una o, mejor dicho, *la* verdad central del cristianismo.

Una de sus observaciones que merece ser umversalmente tomada en cuenta es la de que «no hay una experiencia religiosa no estática» [...].

El próximo lunes, por la noche, me entrevistarán en la televisión suiza (sobre el LSD y las drogas mágicas mexicanas, en el programa *De primera mano*). Siento curiosidad por saber qué tipo de preguntas harán esos señores [...].

A. H.

24-5-1973

Querido señor Hofmann:

Desde luego que se trataba de LSD. Sólo que no quería escribirlo con todas las letras, en realidad no sé muy bien por qué [...]. El hecho de que presente al buen Leary, que entretanto me parece un poco pasado de droga, como testigo principal, sólo puede explicarse por el momento del discurso o prédica [...].

Debo reconocer que efectivamente fue sólo el LSD el que me llevó a la conclusión de que debemos descender «a la carne que somos». Aún la estoy masticando, tal vez incluso me llegó «demasiado tarde», pese a que comparto cada vez más su opinión de que el LSD debería ser tabú para los jóvenes (tabú, no prohibido, ésa es la diferencia...) [...] La frase que le gusta —«no hay una experiencia religiosa no estática»— parece no haber gustado tanto a otros, por ejemplo a mi (casi único) amigo literario y pastor-lírico Kurt Marti [...]. Pero de todos modos no estamos de acuerdo en casi nada, y sin embargo, cuando nos llamamos de vez en cuando y concertamos pequeñas acciones, debemos de ser la más pequeña minimafia de Suiza [...].

W. V.

13-4-1974

Querido señor Vogt:

Anoche hemos seguido con viva atención su pieza de televisión *Pilatus vor dem schweigenden Christus* [Pilato ante el Cristo silente].

[...] como representación de la relación originaria hombre-Dios, el primero se presenta ante el segundo con sus preguntas más difíciles y al final tiene que contestarlas él mismo, porque Dios calla. No las contesta con *palabras*. Las respuestas están contenidas en el libro de su creación (a la que pertenece el propio hombre interrogante). Las *verdaderas* ciencias naturales = desciframiento de este texto.

A. H.

11-5-1974

Querido señor Hofmann:

[...] En el entresueño he compuesto un «poema»; creo que enviárselo es una frescura que puedo permitirme. Primero se lo quise mandar a Leary, pero *this would make no sense*★

Leary encarcelado
Gelpke muerto
Curas en asilos

★ Eso no tendría sentido. [En inglés en el original.]

¿Es ésta su psicodélica
revolución?
¿Habíamos tomado en
serio algo
con lo que sólo se debe jugar
o
al contrario…?

W. V.

Esta pregunta en la poesía de Vogt —¿habíamos tomado en serio algo con lo que sólo se debe jugar, o al contrario?— resume en una fórmula escueta y eficaz la ambivalencia fundamental de los que nos ocupamos en drogas psicotrópicas.

14

Visitas de todo el mundo

Las múltiples irradiaciones del LSD me pusieron en contacto con las más diversas personas y los más variados grupos. En el terreno científico fueron colegas, químicos, además de farmacólogos, médicos, micólogos, con los que me encontré en universidades, congresos, conferencias, o con los que me relacioné a través de publicaciones. En el campo literario-filosófico se produjeron contactos con escritores; sobre las relaciones más significativas para mí en este sentido he escrito en los capítulos anteriores. El LSD también me llevó a una colorida serie de encuentros personales con figuras del mundo de las drogas y los círculos *hippies* que quiero describir aquí brevemente.

La mayor parte de estos visitantes provenían de Estados Unidos. En general se trataba de jóvenes, a menudo en viaje al Lejano Oriente, a la búsqueda de sabiduría oriental o de un gurú; o de jóvenes que esperaban conseguir allí las drogas con más facilidad. Su destino solía ser también Praga, porque entonces se podía conseguir allí con facilidad LSD de buena calidad. Una vez que estaban en Europa querían aprovechar la oportunidad para conocer al «padre del LSD», «al hombre del famoso *trip* de LSD en bicicleta».

Pero tuve también visitas con intenciones más serias. Querían informarme sobre sus propias experiencias con LSD y discutir en la fuente, por así decirlo, sobre su sentido o su importancia. Raras veces el verdadero fin de su visita se reveló como la intención de conseguir LSD; este deseo solían formularlo en los términos de que les gustaría experimentar alguna vez con la sustancia pura sin lugar a dudas, con el LSD original.

También llegaban visitas de Suiza y otros países europeos; eran de carácter muy diverso y formulaban los más variados deseos. En los últimos tiempos estos encuentros son menos frecuentes, lo que puede tener que ver con el paso del LSD a un segundo plano en el mundo de las drogas. Cada vez que me fue posible he recibido a tales visitas o concurrido a una cita establecida. Lo he considerado un deber que surgió para mí a partir de mi papel en la historia del LSD y he intentado ayudar esclareciendo y aconsejando.

A veces no se llegaba a una verdadera conversación. Por ejemplo con un joven que llegó un día con su motocicleta. Era tan tímido que no me quedó clara la intención de su visita. Me miraba fijamente, como preguntándose: el hombre que ha descubierto algo tan impresionante como el LSD, ¿puede tener un aspecto tan común y corriente? Con él, igual que con otros visitantes parecidos, tuve la sensación de que en mi presencia se resolvía de algún modo el enigma del LSD.

De un carácter muy distinto fueron encuentros como el que tuve con un joven de Toronto. Me invitó a comer a un restaurante exclusivo. Tenía un aspecto imponente; era alto, delgado, comerciante, dueño de una importante empresa industrial en Canadá, un espíritu brillante. Me agradeció la creación del LSD, que según él le había dado a su vida otra orientación: había sido un *businessman* cien por cien, totalmente materialista; el LSD le había abierto los ojos para los dominios espirituales de la vida, había despertado su sentido del arte, de la literatura y de la filosofía, y desde entonces se ocupaba intensivamente de cuestiones religiosas y metafísicas. Ahora quería que su joven mujer accediera a la experiencia del LSD en un marco adecuado y esperaba también en ella una mudanza bienhechora similar.

Menos profundos, aunque también liberadores y afortunados, fueron los efectos de experimentos con LSD sobre los que me informó un joven danés con mucho humor y fantasía. Venía de California, donde había sido empleado doméstico en casa de Henry Miller en Big Sur. Se marchó a Francia con el plan de comprar allí una casa campestre semidestruida que quería arreglar (era carpintero). Le pedí que me consiguiera un autógrafo de su antiguo empleador para mi colección y, efectivamente, después de un tiempo obtuve un escrito original –en ambos sentidos– de Henry Miller.

En otra ocasión, me visitó una mujer joven para contarme sus experiencias con LSD, que habían sido muy importantes para su evolución interior. Siendo una *teenager* superficial, dedicada a la diversión, de la que los padres se preocupaban poco, comenzó a tomar LSD por curiosidad y sed de aventuras. Durante tres años emprendió muchos viajes con LSD. Éstos la llevaron a una profundización extraña hasta para ella misma. Comenzó a buscar el sentido más profundo de su existencia, el cual, según decía, finalmente se le reveló. Luego reconoció que el LSD no podía hacerla avanzar más, y pudo dejar la droga de lado sin dificultades ni un gran esfuerzo de voluntad. Ahora estaba en condiciones de seguir moldeándose sin auxiliares artificiales. Era ahora una persona feliz e íntimamente consolidada.

Esta joven me contó su historia porque suponía que muy a menudo yo era atacado por personas que sólo veían unilateralmente los daños que el LSD ocasiona a veces entre los jóvenes. El motivo inmediato de su visita había sido una conversación escuchada por casualidad en un viaje en tren. Un hombre hablaba mal de mí porque lo sublevaba la manera en que yo había tomado posición ante el problema del LSD en un reportaje periodístico. A su juicio, debería de haber rechazado de plano el LSD como obra del diablo y reconocer públicamente mi culpa.

Nunca he visto directamente a personas con un delirio de LSD que hubieran justificado una condena tan apasionada. Tales casos, que deberían atribuirse a un consumo de LSD en condiciones irresponsables, a sobredosis o a una disposición psicótica, en general terminaban en la clínica o en el cuartel de la policía. Siempre se les brindaba una gran publicidad.

Una visita que recuerdo como ejemplo de consecuencias trágicas del LSD fue la de una joven norteamericana. Fue durante la pausa de mediodía que solía pasar en mi oficina estrictamente enclaustrado, sin visitas y con la secretaría cerrada. De pronto alguien golpeó discreta pero insistentemente en mi puerta, hasta que por fin la abrí. Apenas daba crédito a mis ojos: delante de mí había una joven hermosa, rubia, de grandes ojos azules, con un largo vestido *hippie*, una cinta en la frente y sandalias. «Soy Jane, vengo de Nueva York. ¿Es usted el Dr. Hofmann?» Un poco desconcertado le pregunté cómo había logrado atravesar los dos controles, a la entrada del área de la fábrica y la portería, porque a las visitas sólo se las dejaba entrar después de una consulta telefónica, y esta hija de las flores debería haber llamado especialmente la atención. *I am an angel and I can pass everywhere* [Soy un ángel y puedo pasar por cualquier parte]. Venía con una misión elevada, me explicó después. Tenía que salvar a su país, a Estados Unidos, indicándole en primer lugar al presidente (entonces L. B. Jonson) el camino correcto. Eso sólo podía ocurrir motivándole a ingerir LSD. Así se le ocurrirían las ideas adecuadas para sacar al país de la guerra y de las dificultades internas. Ella había acudido a mí para que le ayudara a realizar su misión de darle LSD al presidente. Su nombre —Jane (Juana)— ya lo decía: era la Juana de Arco de Estados Unidos. No sé si pudieron convencerla mis argumentos, formulados con toda consideración por su celo sagrado, de por qué su plan, por causas psicológicas y técnicas, internas y externas, no tenía ninguna posibilidad de éxito. Se marchó decepcionada y triste. Unos días después me llamó por teléfono. Me pidió que le ayudara, porque sus recursos económicos estaban agotados. La llevé a la casa de un amigo en Zúrich, donde podía vivir y conseguir un trabajo. Jane era maestra y además pianista de bar y cantante. Durante un tiempo tocó y cantó en un restaurante elegante de Zúrich. Los comensales burgueses no deben de haber tenido idea de qué clase de ángel estaba sentado al piano con un vestido negro de noche y los animaba con una música sensible y una voz dulce y sensual. Muy pocos deben de haber prestado atención a la letra de sus *songs*; en su mayor parte eran canciones *hippies*, y en algunas se alababan ocultamente las drogas. La *tournée* de Zúrich no duró mucho tiempo; unas pocas semanas después mi amigo me informó de que Jane había desaparecido súbitamente. Tres meses más tarde recibió un saludo en una postal escrita desde Israel. Allí habían internado a Jane en una clínica psiquiátrica.

Para finalizar quiero relatar un encuentro en el que el LSD sólo cumplió un papel indirecto. La señorita H. S., secretaria de dirección en un hospital, me pidió una entrevista personal por escrito. Vino a la hora del té. Justificó su visita con el hecho de que había encontrado en un informe sobre una experiencia con LSD la descripción de un estado que había vivido siendo joven, y que seguía intranquilizándola; pensaba que tal vez podría ayudarla a comprender aquella experiencia.

Había participado como aprendiz comercial en una excursión de la empresa. Pernoctaron en un hotel en la montaña. H. S. se despertó muy temprano y abandonó sola la casa para contemplar la salida del sol.

Cuando las montañas comenzaron a relumbrar en el mar de rayos, le atravesó una sensación de dicha desconocida, que aún duró hasta encontrarse en la capilla con los demás participantes de la excursión para el servicio religioso matutino. Durante la misa todo se le apareció con un brillo supraterrenal, y la sensación de dicha creció tanto que tuvo que llorar en alta voz. La llevaron al hotel y la trataron como a una enferma de los nervios.

Esta experiencia determinó en gran medida su vida posterior. La misma H. S. temía no ser del todo normal. Por una parte tenía miedo de lo que le habían explicado como depresión nerviosa y por otra añoraba una repetición de aquel estado. Internamente escindida, llevaba una vida inestable. Consciente o inconscientemente buscaba en sus frecuentes cambios de puesto de trabajo y en relaciones personales poco duraderas aquella feliz contemplación del mundo que le había proporcionado tanta dicha una vez.

Pude calmar a mi visitante; lo que había vivido entonces no había sido un proceso psicopatológico ni una depresión nerviosa. Lo que muchas personas tratan de alcanzar mediante el LSD: la contemplación visionaria de una realidad más profunda, le había sido concedido espontáneamente como gracia. Le recomendé el libro de Aldous Huxley *La filosofía perenne*, en el que se recogen testimonios de una visión iluminada de todos los tiempos y culturas. Huxley escribe que no sólo los místicos y los santos, sino también muchas más personas de lo que habitualmente se supone, experimentan tales instantes de dicha, pero que la mayoría de ellas no reconoce su significación y los reprimen porque no caben en el mundo de la razón cotidiana, en vez de considerarlos como lo que son, momentos providenciales.

15

LSD: *vivencias y realidad*

Un hombre, en la vida, ¿qué más puede ganar
si se le revela Dios-Naturaleza?

GOETHE

A menudo se me pregunta qué es lo que más me ha impresionado en mis experimentos con LSD, y si a través de estas experiencias he llegado a nuevos conocimientos.

Distintas realidades

Lo más importante fue para mí el reconocimiento, confirmado por todos mis experimentos con LSD, de que lo que de común se denomina «realidad», incluida la realidad de la propia persona, de ningún modo es algo fijo, sino algo de múltiple significación, y que no existe una realidad, sino varias; así como que cada una de ellas encierra una distinta conciencia del yo.

A esta conclusión también puede llegarse a través de consideraciones científicas. El problema de la realidad es y ha sido desde siempre una demanda capital de la filosofía. Pero es una diferencia fundamental la de si uno se enfrenta con este problema racionalmente, con el método de pensamiento de la filosofía, o si se impone emocionalmente a través de una experiencia existencial. El primer ensayo con LSD fue tan estremecedor y atemorizador porque se disolvieron la realidad cotidiana y el yo que la experimentaba, elementos ambos que hasta entonces había tomado por los únicos verdaderos, y un yo extraño vivía una realidad extraña, distinta. También surgió la pregunta por ese yo superior que, intocado por esas modificaciones exteriores e interiores, lograba registrar esa otra realidad.

La realidad es impensable sin un sujeto que la experimente, sin un yo. Es el producto del mundo exterior, del «emisor» y de un «receptor», de un yo en cuya mismidad más íntima se vuelven conscientes las irradiaciones del mundo exterior registradas por las antenas de los órganos sensoriales. Si falta uno de los polos no se concreta ninguna realidad, no resuena música de radio, la pantalla queda vacía.

Si se entiende la realidad como el producto del emisor y el receptor, se puede explicar el ingreso en otra realidad bajo el influjo del LSD diciendo que el cerebro, sede del receptor, es modificado bioquímicamente. Con ello el receptor es sintonizado en otra longitud de onda que la que corresponde a la realidad cotidiana. Como a la infinita variedad y versatilidad de la creación corresponden infinitas longitudes de onda distintas, según la sintonía del receptor pueden ingresar infinitas realidades distintas —que incluyen el yo correspondiente— en la conciencia. Estas realidades o, mejor dicho, estos diversos estratos de *la* realidad no son mutuamente excluyentes; son complementarios y juntos forman una parte de la realidad universal, intemporal, trascendente en la que también está inscrito el núcleo inatacable de la conciencia del yo que registra las modificaciones del propio yo.

En la capacidad de sintonizar el receptor «yo» en otras longitudes de onda y así provocar modificaciones en la conciencia de realidad reside la verdadera significación del LSD y de los alucinógenos con él emparentados. Esta capacidad de hacer surgir nuevas imágenes de la realidad, esta potencia verdaderamente cosmogónica, vuelve también comprensible la adoración y el culto de las plantas alucinógenas como drogas sagradas.

¿En qué reside la diferencia esencial y característica entre la realidad cotidiana y las imágenes del mundo experimentables en la embriaguez de LSD? En el estado normal de la conciencia, en la realidad cotidiana, el yo y el mundo exterior están separados; uno se enfrenta al mundo exterior; éste se ha convertido en objeto. En la embriaguez de LSD desaparecen, en mayor o menor medida, las fronteras entre el yo que experimenta y el mundo exterior, según la profundidad de la embriaguez. Tiene lugar un acoplamiento regenerativo entre el emisor y el receptor. Una parte del yo pasa al mundo exterior, a las cosas; éstas comienzan a vivir, adquieren un sentido distinto, más profundo. Ello puede sentirse como una transformación feliz, pero también como un cambio demoníaco que conlleva una pérdida del yo familiar e infunde terror. En el caso feliz el nuevo yo se siente dichosamente unido a las cosas del mundo exterior y por tanto también al prójimo. Esta experiencia puede crecer hasta el sentimiento de que el yo y la creación constituyen una unidad. Este estado, que en condiciones favorables puede ser provocado por el LSD u otro alucinógeno del grupo de las drogas sagradas mexicanas, está emparentado con la iluminación religiosa espontánea, con la unión mística. En ambos estados, que muchas veces duran sólo un instante atemporal, se experimenta una realidad iluminada por un resplandor de la realidad trascendente. Pero que la iluminación mística y las experiencias visionarias inducidas por drogas no pueden ser igualadas sin más ni más lo ha elaborado R. C. Zaehner con toda claridad en su libro *Mystik religiös und profan* [Mística religiosa y profana].

En su trabajo *Provoziertes Leben* [Vida provocada], publicado en Limes, Wiesbaden, en 1949, Gottfried Benn habla de «la catástrofe esquizoide, la neurosis del destino occidental». Escribe:

En el sur de nuestro continente comenzó a formarse el concepto de la realidad. Lo formaron determinantemente el principio helénico-europeo de lo agonal, de la superación mediante el trabajo, la astucia, la perfidia, los dones, la violencia, en Grecia en la figura de la areté, en la Europa tardía en la figura del darwinismo y del superhombre. El yo sobresalía, aplastaba, luchaba, y para ello necesitaba recursos, materia, poder. Se enfrentaba a la materia de otro modo: se alejaba de ella en el plano de los sentimientos, pero se le acercaba en lo formal. La dividía, la probaba y escogía: arma, objeto de cambio, precio de rescate. La explicaba aislándola, la expresaba con fórmulas, arrancaba trozos de ella, la repartía. Era una concepción que pesaba como fatalidad sobre Occidente, una concepción contra la cual luchaba sin poder asirla, a la que ofreció holocaustos en hecatombes de sangre y suerte, y cuyas tensiones y rupturas no lograban acrisolar ya ninguna mirada natural ni conocimiento metódico alguno en la tranquilidad esencial de la unidad de las formas prelógicas del ser [...]. Por el contrario, cada vez se manifestaba más claramente el carácter trágico de este concepto [...]. Un Estado, un orden social y una moral pública para los que la vida sea sólo vida aprovechable económicamente y que no permita valer el mundo de la vida provocada no puede enfrentarse a sus destrucciones. Una comunidad cuya higiene y cuyo cultivo de la raza se base como un ritual moderno en las vacías experiencias biológico-estadísticas nunca puede sino defender el punto de vista

exterior de las masas, por el cual puede hacer guerras inter-
minables, pues para ella la realidad son las materias primas, pero su trasfondo metafísico le queda vedado.

Como Gottfried Benn ha formulado en esta obra, la historia espiritual europea ha sido determinada decisivamente
por una conciencia de realidad que separa el yo del mundo.
La experiencia del mundo como un objeto al que uno se enfrenta ha llevado al desarrollo de la moderna ciencia natural
y de la técnica. Con su ayuda el hombre ha sojuzgado la
tierra. Nosotros saqueamos la tierra, y a los maravillosos lo-
gros de la civilización técnica se le opone una destrucción
catastrófica del medio ambiente. Este espíritu contradictorio
ha avanzado hasta el interior de la materia, hasta el núcleo
atómico y su escisión, y ha conquistado energías que amena-
zan la vida de todo el planeta.

Si el hombre no se hubiera separado de su medio ambiente, sino que lo hubiera experimentado como parte de la
naturaleza viva y de la creación, este abuso del conocimiento y el saber habría sido imposible. Aunque hoy día se inten-
te reparar los daños mediante medidas de protección del medio ambiente, todos estos esfuerzos no serán más que parches
superficiales y sin esperanza si no se produce una curación de
—empleando palabras de Benn— la «neurosis de destino occidental». La curación significaría la vivencia existencial de una
realidad más profunda que incluya al yo.

El medio ambiente muerto, creado por la mano del hombre, de nuestras metrópolis y zonas industriales dificulta esta
vivencia. Aquí directamente se impone por la fuerza el contraste entre el yo y el mundo exterior. Sobrevienen sentimientos de alienación, soledad y amenaza. Ellos son los que
modelan la conciencia cotidiana en la sociedad industrial de
Occidente; prevalecen también en todos los sitios en los cua-

les se difunda la civilización técnica, y determinan en gran medida el arte y la literatura actuales.

El peligro de que se desarrolle una experiencia escindida de la realidad es menor en un medio natural. En el campo y en el bosque, y en el mundo animal que allí se guarece, incluso en cada jardín, se hace visible una realidad que es infinitamente más real, antigua, profunda y maravillosa que todo lo creado por la mano del hombre, y que perdurará cuando el mundo muerto de las máquinas y el cemento armado haya desaparecido y se haya derrumbado y oxidado. En el germinar, crecer, florecer, tener frutos, morir y rebrotar de las plantas, en su ligazón con el sol, cuya luz son capaces de transformar bajo la forma de compuestos orgánicos en energía químicamente ligada, de la cual luego se forma todo lo que vive en nuestra tierra..., en esta naturaleza de las plantas se revela la misma fuerza vital misteriosa, inagotable, eterna, que nos ha creado también a nosotros y luego nos vuelve a su seno, en el que estamos protegidos y unidos con todo lo viviente.

No se trata aquí de un sentimentalismo en torno a la naturaleza, de una «vuelta a la naturaleza» en el sentido de Rosseau. Esa corriente romántica, que buscaba el idilio con la naturaleza, también se explica, en realidad, a partir del sentimiento del hombre de haber estado separado de la madre natura. Lo que hoy día hace falta es un revivir elemental de la unidad de todo lo viviente, una conciencia universal de la realidad, que cada vez surge menos espontáneamente, a medida que la flora y fauna originales tienen que ceder ante un mundo técnico muerto.

Misterios y mito

El concepto de la realidad como un mundo externo confrontado, enfrentado al hombre, comenzó a formarse, como dice Benn, en el sur de nuestro continente, en la antigüedad griega. Ya entonces los hombres conocían el dolor conectado con una conciencia de la realidad de esa índole, una conciencia escindida. El genio griego intentó la curación, completando la imagen apolínea del mundo que surge de esa escisión sujeto/objeto, rica en figuras, colores y sensaciones, pero también dolorosa, con el mundo dionisíaco de las experiencias, en el que esta escisión está suprimida en la embriaguez estática. Nietzsche escribe en *El nacimiento de la tragedia:*

> Por la influencia de la bebida narcótica, de la que hablan todos los hombres y pueblos primitivos en sus himnos, o en el vigoroso acercarse de la primavera, que penetra sensualmente toda la naturaleza, se despiertan aquellas emociones dionisíacas en cuya elevación lo subjetivo desaparece en el completo olvido de sí mismo [...]. Bajo la magia de lo dionisíaco no sólo vuelve a cerrarse la unión entre hombre y hombre; también la naturaleza enajenada, hostil o sojuzgada celebra su fiesta de reconciliación con su hijo perdido, el hombre.

Con las celebraciones y fiestas en honor del dios Dionisio estaban estrechamente relacionados los misterios de Eleusis, que se celebraron durante casi dos mil años, desde aproximadamente el año 1500 a. C. hasta el siglo IV d. de C. en cada otoño. Habían sido donados por la diosa agrícola Deméter como agradecimiento por el redescubrimiento de su hija Perséfone, raptada por Hades, el dios del averno. Otro regalo de agradecimiento fue la espiga de cereal, entregada por ambas diosas a Triptolemo, el primer sumo sacerdote de

Eleusis. Le enseñaron el cultivo de los cereales, que luego difundió por toda la tierra. Pero Perséfone no podía quedarse siempre con su madre porque, en contra de la indicación de los dioses supremos, había aceptado comida de Hades. Como castigo debía pasar una parte del año en el averno. Durante ese tiempo, en la tierra imperaba el invierno, las plantas morían y se retiraban al reino de la tierra, para luego despertar a nueva vida en primavera, con el viaje de Perséfone a la superficie.

Sin embargo, el mito de Deméter, Perséfone, Hades y los otros dioses que participaban en el drama era sólo el marco exterior de lo que ocurría. El momento culminante de la celebración anual lo constituía la ceremonia iniciática nocturna. A los iniciados les estaba prohibido, so pena de muerte, revelar lo que habían averiguado y visto en la cámara más sagrada e interna del templo, en el Telesterion (meta). Jamás lo hizo ninguno de los innumerables hombres que fueron iniciados en el secreto de Eleusis. Entre los iniciados se cuentan Pausanias, Platón, emperadores romanos como Adriano y Marco Aurelio y muchos otros hombres famosos de la antigüedad. La iniciación debe de haber sido una iluminación, una contemplación visionaria de una realidad más profunda, una mirada a la eterna causa de la creación. Ello puede inferirse de las observaciones de los iniciados acerca del valor y la importancia de lo visto. Así, en un himno homérico se dice: «¡Bienaventurado el hombre en tierras, que haya visto eso! Quien no ha sido iniciado en los sagrados misterios, quien no ha participado en ellos, será un muerto en una oscuridad sepulcral». Píndaro habla de la bendición de Eleusis en los siguientes términos: «Bienaventurado quien, después de haber visto esto, inicia el viaje hacia las regiones inferiores. Conoce el final de la vida y su comienzo dado por Zeus». Cicerón, otro famoso iniciado, testimonia igualmente qué esplendor arrojó Eleusis sobre su vida: «Allí no sólo hemos obtenido el motivo para vivir con alegría, sino también la causa de que muramos con una esperanza mejor».

¿Cómo puede convertirse en una experiencia tan consoladora, como lo testimonian los informes citados, la representación mitológica de un acontecer tan evidente, que se desarrolla todos los años ante nuestros ojos: la semilla que se hunde en la tierra y muere allí para dejar surgir a la luz una nueva planta, nueva vida? Cuenta la tradición que antes de la última ceremonia se daba una pócima, el *kykeon,* a los iniciados. También se sabe que un extracto de cebada y menta eran componentes del *kykeon.* Estudiosos de las religiones e investigadores de los mitos sostienen la opinión de que el *kykeon* contenía una droga alucinógena; por ejemplo Karl Kerényi, de cuyo libro sobre los misterios de Eleusis están extraídos los datos citados, y con el que estuve en contacto en relación con el estudio de la misteriosa bebida.[7] Ello haría comprensible la experiencia estático-visionaria del mito de Deméter-Perséfone como símbolo del ciclo de la vida y de la muerte en una realidad intemporal que abarque a ambas.

Cuando el rey godo Alarico irrumpió en el año 396 d. de C. en Grecia desde el norte y destruyó los santuarios de Eleusis, ello no fue sólo el final de un centro religioso, sino que significó también el ocaso definitivo del mundo antiguo. Con los monjes que acompañaban a Alarico, el cristianismo entró en Grecia.

Es invalorable la importancia histórico-cultural de los misterios de Eleusis y su influencia en la historia espiritual

7. En la edición inglesa de *Eleusis* (Schocken Books, Nueva York, 1977), Kerényi hace referencia a este trabajo en conjunto. La posibilidad de que el *kykeon* contuviera un preparado del cornezuelo de centeno se plantea en la publicación *El camino a Eleusis* de R. Gordon Wasson, Albert Hofmann y Carl A. P. Ruck.

europea. Aquí el hombre que sufría y estaba escindido por su espíritu racional y objetivador, encontró la curación en una experiencia mística totalizadora que le hacía creer en la inmortalidad de un ser eterno.

En el cristianismo primitivo esta creencia perduró, aunque con otros símbolos. Se encuentra como promesa incluso en algunos pasajes de los Evangelios, en su forma más pura en el Evangelio según San Juan, capítulo catorce, 16-20. Al despedirse de sus discípulos, Jesús les dice:

> Y yo rogaré al padre, y él os dará otro asistente para que esté con vosotros para siempre: *el Espíritu de la verdad,* a quien el mundo no puede recibir porque no lo ve ni lo conoce. Pero vosotros lo conocéis porque mora con vosotros y estará en vosotros. No os dejaré huérfanos; volveré a vosotros; dentro de poco el mundo ya no me verá; pero vosotros sí me veréis porque yo vivo y también vosotros viviréis. *Aquel día comprenderéis que yo estoy en mi Padre y vosotros en mí y yo en vosotros.*

Esta promesa constituye el núcleo de mi fe cristiana y de mi vocación para la investigación científica: que a través del espíritu de la verdad llegaremos al conocimiento de la creación y con ello al reconocimiento de nuestra unidad con la verdad más profunda y universal, con Dios.

Pero el cristianismo eclesiástico, determinado por el dualismo creador/criatura, con su religiosidad ajena a la naturaleza, ha extinguido en gran parte el legado eleusino-dionisíaco de la antigüedad. En el ámbito de la fe cristiana sólo unas pocas personas agraciadas testimoniaron una realidad confortante, intemporal, experimentada en la vivencia visionaria espontánea, a la que en la antigüedad tuvo acceso la élite de innumerables generaciones a través de la iniciación en Eleusis. Evidentemente, la unión mística de los santos católicos y la contemplación visionaria, como la describen representantes de la mística cristiana, Jakob Boehme, Meister Eckhardt, Angelus Silesius, Thomas Traherne, William Blake y otros en sus escritos, tienen una naturaleza similar a la iluminación de los iniciados en los misterios eleusinos.

La importancia fundamental que una experiencia mística totalizadora tiene para la curación de un hombre que padece una imagen de mundo unilateralmente racional y materialista es puesta hoy día en primer plano no sólo por los partidarios de corrientes religiosas orientales como la del budismo zen, sino también por representantes destacados de la psiquiatría clásica. Hagamos referencia solamente a los libros del psiquiatra Balthasar Staehelin de Basilea, que ejerce en Zúrich: *Haben und Sein* (1969) [Tener y Ser], *Die Welt als Du* (1970) [El mundo como tú], *Urvertrauen und zweite Wirklichkeit* (1973) [Confianza primera y segunda realidad] y *Der finale Mensch* (1976)[El hombre final], todos publicados por TVZ (Editorial Teológica de Zúrich).* Muchos otros autores se ocupan de la misma problemática. Hoy día una especie de «metamedicina», «metapsicología» y «metapsiquiatría» comienza a incluir lo metafísico en el hombre, que se revela en la experiencia de una realidad más profunda y superadora del dualismo como elemento fundamental en su práctica terapéutica.

Aún más significativo es el hecho de que no sólo círculos médicos, sino sectores cada vez más amplios de nuestra sociedad consideren que la superación del concepto dualista del mundo es la premisa y la base para la curación y la renovación espiritual de la civilización y cultura occidentales.

La meditación en sus diversas formas es hoy el camino principal para el reconocimiento de la realidad más profunda y abarcadora, en la que también está incluido el hombre que la experimenta. La principal diferencia entre la meditación y la oración tradicional fundada en el dualismo creador/criatura reside en que la primera aspira a una superación de la barrera yo-tú a través de una fusión de objeto y sujeto, de emisor y receptor, de realidad objetiva y yo.

Este saber que capta la realidad objetiva y se extiende cada vez más no necesita, empero, desacralizar. Al contrario: con tal de profundizar lo suficiente, choca inevitablemente con la causa primera e inexplicable de la creación, con el milagro, con el misterio —en el microcosmos del átomo, en el macrocosmos de las galaxias espirales, en la semilla de la planta, en el cuerpo y en el alma humanos—, con lo divino.

La meditación comienza en aquella profundidad de la realidad objetiva hasta la que han llegado el saber y el conocimiento objetivos. Por tanto, la meditación no significa un rechazo de la realidad objetiva, sino que, por el contrario, consiste en una penetración más profunda y cognoscitiva; no es la huida a un mundo onírico imaginario, sino que busca su verdad más abrumadora a través de una observación simultánea y estereoscópica de la superficie y la profundidad de la realidad objetiva.

De ello tendría que surgir una nueva conciencia acerca de la realidad. Ésta podría convertirse en el fundamento de una nueva religiosidad que no se basara en la creencia en los dogmas de las diversas religiones, sino en conocer a través del «Espíritu de la verdad». Me refiero a un conocer, un leer y un entender de primera mano «el libro que ha escrito el dedo de Dios» (Paracelso): de la creación.

La mudanza de una imagen de mundo objetiva en una conciencia de realidad más profunda, y por tanto religiosa, puede desarrollarse por etapas mediante una práctica prolongada de la meditación. Pero también puede ocurrir como iluminación repentina, en una contemplación visionaria; en ese caso sus efectos son especialmente profundos y felices. Pero, como escribe Balthasar Staehelin, una experiencia mística totalizadora de tal índole «no se puede forzar ni siquiera a través de décadas de meditación».Tampoco se le concede a cualquiera, pese a que la capacidad de la vivencia mística forma parte de la naturaleza de la espiritualidad humana.

Sin embargo, en Eleusis se le podía conferir a cada uno de los innumerables hombres iniciados en los misterios sagrados la contemplación mística, la experiencia sanadora y confortante en el sitio previsto, a la hora señalada. Esto podría explicarse por el uso de una droga alucinógena, como lo suponen, según hemos señalado ya, determinados estudiosos de la religión. El efecto característico de los alucinógenos, a saber, la supresión de las barreras entre el yo que experimenta y el mundo exterior en una experiencia estático-emocional, habría posibilitado provocar, con el concurso de una droga de esa índole y después de la correspondiente preparación interior y exterior, como se lograba en Eleusis de modo perfecto, una experiencia totalizadora de forma, por así decirlo, programática.

La meditación es la preparación para el mismo objetivo ambicionado y alcanzado en los misterios eleusinos. Es dable pensar que en el futuro el LSD se pueda aplicar más frecuentemente para provocar una iluminación que corone la meditación.

En la posibilidad de apoyar con una sustancia la meditación dirigida a la experiencia mística de una realidad a la vez más elevada y más profunda, veo la verdadera importancia del LSD. Una aplicación de este cariz se corresponde por completo con la naturaleza y el tipo de acción del LSD como droga sagrada.

Anexo

Esquema de las fórmulas

Lysergsäure	ácido lisérgico
Propanolamin	propanolamina
Diäthylamin	dietilamina
Lysergsäure-propanolamid	propanolamida del ácido lisérgico
Ergobasin	ergobasina
Coramin	coramina
Lysergsäure-diäthylamid	dietilamida del ácido lisérgico
LSD	LSD
Ololiuqui-Wirkstoffe	sustancias activas del ololiuqui
Lysergsäure-amid	amida del ácido lisérgico
Lysergsäure-hydroxyäthylamid	hidroxietilamida del ácido lisérgico
Teonanacatl-Wirkstoffe	sustancias activas del teo-nanacatl

Psilocybin	psilocybina
Psilocin	psilocina
Serotonin	serotonina
Neurohormon	neurohormona
Hirn–Wirkstoff	sustancia activa del cerebro